Wie Kinder sauber werden können

Priv.-Doz. Dr. rer. nat.
Gabriele Haug-Schnabel

Wie Kinder sauber werden können

Was Sie als Eltern wissen müssen,
damit das Sauberwerden klappt

OBERSTEBRINK
ELTERN-BIBLIOTHEK

Die Oberstebrink Eltern-Bibliothek

Die Oberstebrink Eltern-Bibliothek bietet Lösungen für die wichtigsten Eltern-Probleme und gibt Antworten auf die häufigsten Eltern-Fragen. Von Experten, die in ihrem Fachgebiet auf dem neuesten Wissensstand sind und in ihrer Praxis täglich Eltern beraten und Kinder behandeln.
Die Bücher der Oberstebrink Eltern-Bibliothek werden von KinderärztInnen, Hebammen, ErzieherInnen, LehrerInnen und Familien-TherapeutInnen laufend eingesetzt und empfohlen. Eltern schätzen diese Ratgeber besonders, weil sie leicht verständlich sind und sich alle Ratschläge einfach und erfolgreich in die Tat umsetzen lassen.
Eine Übersicht über alle Bücher finden Sie auf den letzten Seiten dieses Buches.

4. Auflage, 2005

Fotos:	Corbis, privat
Gestaltung:	Oberstebrink
Redaktion:	Oberstebrink
Satz und Herstellung:	MOHN Media · Mohndruck GmbH Printed in Germany
Verlag:	Oberstebrink Verlag GmbH Bahnstr. 44 · 40878 Ratingen Tel. 0 21 02 / 771 770 - 0 · Fax 0 21 02 / 771 770 - 21 verlag@oberstebrink.de www.oberstebrink.de
ISBN:	3-934333-11-7

Liebe Eltern

Jetzt frage ich Sie einfach mal, warum Sie dieses Buch gekauft haben.

- **Weil Sie ein Baby haben und sich über das Thema Sauberkeits-Erziehung informieren wollen, bevor Ihr Kind bei diesem Entwicklungsabschnitt angekommen ist?** Sie haben sich mit diesem Buch für eine moderne, am Kind orientierte und deshalb erfolgreiche Sauberkeits-Erziehung entschieden. Sie werden darin die Antworten auf Ihre Fragen finden und so die wichtigen Zusammenhänge dieses Entwicklungsvorgangs nachvollziehen und Etappenziele besser verstehen. Wie Sie Ihrem Kind bei den anstehenden Aufgaben am ehesten helfen können, steht z.B. in den Kapiteln 2 und 3.
- **Oder haben Sie zu diesem Buch gegriffen, weil Ihr Kind gerade dabei ist, sauber zu werden, mitunter vielleicht schon Erfolge zu sehen sind, und alle gespannt verfolgen, wie die Sache nun weitergehen wird?** Jetzt wollen Sie natürlich alles richtig machen. Ja nichts Falsches, um keine Rückschläge zu provozieren. Doch gerade in dieser Übergangszeit hört man so viel Verschiedenes und vor allem Widersprüchliches. Das muss verwirren. In diesem Buch finden Sie die natürlichen Schritte zum Sauberwerden, die Blase und den Darm betreffend. Spezielle Hilfen zur Stabilisierung des beginnenden Erfolgs – also für immer mehr saubere Hosen, trockene Tage und dann auch trockene Nächte – finden Sie in den Kapiteln 1, 3 und 8.
- **Vielleicht haben Sie aber auch dieses Buch gewählt, weil bei Ihrem Kind – anders als Sie es für sein jetziges Alter erwartet und vor allem gehofft hatten – die Blasen- oder Darm-Kontrolle immer noch nicht klappen.** Und nun droht das dauernde Einnässen oder Einkoten langsam aber sicher zum Problem für Ihr Kind und auch für Sie zu werden. Ich bin sicher, Sie werden die momentane Situation Ihres Kindes nach der Lektüre des Buches besser verstehen und bald wissen, wie Sie ihm gerade jetzt gezielt helfen können. Vor allem in den Kapiteln 4, 5 und 9 finden Sie dazu wichtige Hinweise.

- **Oder suchen Sie Rat, weil Ihr Kind schon eine jahrelange „Einnässkarriere“ hinter sich hat?** Wenn bisher alles, was Sie versucht haben, vergeblich war, und wenn Sie bald wirklich nicht mehr weiterwissen – dann möchte ich speziell Ihnen mit diesem Buch helfen, die „Einnässkarriere“ Ihres Kindes zu beenden. Indem ich Ihnen zeige, wie Sie durch totales Umdenken ganz neue Wege finden, die endlich „ins Trockene“ führen.

Welche Form des Einnässens hat unser Kind (Kap. 4 und 5)? Was haben wir bereits versucht, und warum hat nichts davon genützt (Kapitel 7)? Wo müssen wir ansetzen, wenn wir etwas ändern wollen (Kapitel 5 und 10)? Mit den Antworten auf diese Fragen können Sie die Weichen für einen Änderungskurs stellen.

Ich werde Sie dabei unterstützen und Ihnen zeigen, wie Sie Ihr Kind und sein Problem ganz anders sehen können. Mit diesem neuen Blick werden Sie mit Ihrem Kind gemeinsam den geeigneten Lösungsweg finden.

Vielleicht interessiert Sie noch, warum ich das Buch geschrieben habe.

Seit vielen Jahren arbeite ich mit einnässenden Kindern und mit ihren Eltern. Mit Kindern, die jede oder fast jede Nacht nass sind, bei denen das Bett nicht nur einmal, sondern mitunter sogar mehrmals in einer Nacht „schwimmt“. Aber auch mit Jungen und Mädchen, bei denen tagsüber immer wieder ein Zwischenfall passiert, und „alles in die Hose geht“. Oder mit den besonders Unglücklichen, bei denen tagsüber und nachts Malheure vorkommen. Unter den einnässenden und einkotenden Kindern, die Hilfe und Rat brauchen, sind welche, die – wenn man genau nachdenkt – eigentlich noch nie in ihrem Leben richtig sauber gewesen sind. Aber auch solche, bei denen das Einnässen oder Einkoten nach Monaten, manchmal sogar nach Jahren einer toll funktionierenden Blase und eines perfekten Darms plötzlich und (fast) unerwartet wiederkommt und aus lauter Verzweiflung darüber alle vorherigen Erfolge vergessen lässt.

Ich weiß, wie Kinder darunter leiden, einfach nicht trocken zu werden, wie schwer sie sich in der Familie, im Kindergarten, bei ihren Freunden und natürlich dann vor allem auch in der Schulzeit mit diesem besonderen Problem tun. Diesen Kindern muss möglichst schnell geholfen werden. Und weil ich in vie-

len Beratungsjahren mitbekommen habe, was alles mit diesen Kindern unternommen wird, um sie endlich, endlich trocken oder sauber zu bekommen, möchte ich meine Erfahrungen an Sie als Eltern weitergeben. Damit Sie alle Chancen nutzen können, Ihr Kind gezielt beim Sauberwerden zu unterstützen und ihm das Sauberwerden so leicht wie möglich zu machen.
Meine Arbeit hat mir gezeigt, unter welch starkem Leidensdruck nicht nur Ihr Kind, sondern auch Sie stehen. Ihnen möchte ich zeigen, nein beweisen, dass Sie Ihrem Kind beim Sauberwerden tatsächlich helfen können (Kapitel 11). Auch wenn die letztendlich erfolgreiche Hilfe vielleicht ganz anders aussehen wird, als Sie sich das bisher vorgestellt haben.

Ihre
Gabriele Haug-Schnabel

1

So wird ein Kind normalerweise sauber

In diesem Kapitel erfahren Sie, …

- wie spannend das Sauberwerden für Kind und Eltern sein kann
- des Rätsels Lösung, warum Kinder ihren Darm meist früher kontrollieren können als ihre Blase
- warum jedes Kind seinen persönlichen Weg gehen muss, um sauber zu werden
- warum Sauberkeits-Erziehung am Anfang noch gar nicht gefragt ist

Warum sage ich Ihnen das?

Eigentlich halten die meisten Eltern das Sauberwerden ihres Kindes für etwas ganz Selbstverständliches, das sich im Laufe der ersten drei Lebensjahre – ebenso wie viele andere Fähigkeiten auch – einstellen wird. Trotzdem machen sich viele Eltern, Sie vielleicht auch, recht früh – oft so um den ersten Geburtstag des Kindes herum – Gedanken darüber, wie dieser Entwicklungsprozess eigentlich vor sich geht.
Deshalb werde ich Ihnen zeigen, wie ein Kind Schritt für Schritt immer mehr seinen Darm und seine Blase und deren Aktivitäten wahrnehmen kann und schließlich auch in der Lage ist, die Stuhl- und Harnabgabe zu kontrollieren. Ich werde Sie auf typische Stationen auf dem Weg zum Erfolg aufmerksam machen, um Ihnen Verunsicherungen zu ersparen.
Es wird auch darum gehen, was das Wort „normalerweise" im Zusammenhang mit dem Sauberwerden bedeutet. Nämlich nicht, dass alle Kinder dieses Ziel immer genau so, auf eine ganz bestimmte Weise und in einer bestimmten Zeit erreichen, sondern dass „normalerweise" (also bei den meisten Kindern) charakteristische Ähnlichkeiten im Entwicklungsverlauf zu finden sind. Dennoch kommen Abweichungen in der einen oder anderen Richtung gar nicht so selten vor, wobei auch diese Wege zum Ziel führen.

Es geht um die Blasen- und die Darm-Kontrolle

In diesem Buch *„Wie Kinder sauber werden können"* geht es um die Blasen-Kontrolle und um die Darm-Kontrolle – ums Sauberwerden. Zum richtigen „Saubersein" gehören genau genommen zwei getrennte Fähigkeiten: nämlich die, seine Blase kontrollieren zu können, wie auch die, seinen Darm unter Kontrolle zu haben. Von Problemen mit der Darm-Kontrolle wird nur selten gesprochen, weil die Abgabe des Stuhlgangs zur rechten Zeit am rechten Ort bei den meisten Kindern ohne Schwierigkeiten klappt. Ist das nicht der Fall, dann stehen Kinder und Eltern dem Einkoten besonders ratlos gegenüber und brauchen dringend Hilfe. Deshalb gibt es in diesem Buch zwei Kapitel über die Darm-Kontrolle, ihre Hürden und deren Bewältigung.
Ich habe oft beobachten können, dass Kinder ihr „großes Geschäft" schon monatelang – manchmal seit über einem Jahr – in den Topf oder dann ins Klo machten, während an eine Beherrschung der Blase noch gar nicht zu denken war.
Aber auch bei dieser Reihenfolge gibt es Ausnahmen. Denken Sie immer daran: Jedes Kind hat seinen eigenen Weg.
Im nächsten Abschnitt wird kurz dargestellt, wie der Darm im Laufe der Entwicklung immer mehr kontrolliert werden kann. Wenn die Darmkontrolle Ihres Kindes noch in einem Alter auf sich warten lässt, in dem sie für andere Jungen und Mädchen schon lange kein Thema mehr ist, finden Sie Einzelheiten darüber und spezielle Verhaltenstipps in Kapitel 8 und 9.

Was macht die Kontrolle des Darms einfacher als die der Blase?

Damit Darm und Blase erfolgreich kontrolliert werden können, müssen alle an Ausscheidungs-Funktionen beteiligten anatomischen Strukturen intakt sein. Und die zur Steuerung notwendigen Nervenbahnen müssen ausgereift sein. Die Speicherung und Entleerung von Kot und Urin sind höchst komplizierte Vorgänge, die einige Jahre Entwicklungszeit brauchen. Wann man seine Ausscheidungen kontrollieren kann, hängt auch von der sonstigen körperlichen und psychischen Entwicklung eines Kindes ab.
Was macht nun die Kontrolle des Darms einfacher als die der Blase?
Da ist zuerst einmal die unterschiedliche Häufigkeit, mit der beide Ereignisse vorkommen. Jeder Mensch muss öfter „klein“ als „groß“. Daher ist natürlich das Risiko, dass mit der Blase etwas schief gehen könnte, größer.
Schauen wir uns das 3. Lebensjahr eines Kindes mal genauer an. In diesem Alter entleeren Kinder ihren Darm meist nur ein-, höchstens zweimal am Tag, gar nicht so selten auch nur jeden zweiten, wenn nicht sogar jeden dritten Tag. Und wie sieht es mit der Harnabgabe aus? Ihre Zahl hat sich zwar seit der Säuglingszeit wesentlich verringert, trotzdem uriniert ein Kind im 3. Lebensjahr immer noch etwa zehnmal am Tag. Es kann also viel häufiger etwas schiefgehen.

- Ein weiterer Unterschied kommt hinzu, den der vierjährige **Julian** treffend beschrieb: *„Das dünne Pipi fällt eben viel plötzlicher und viel leichter aus seinem Loch raus als das dicke Kacka.“*

Recht hat er. Denn Darm und Blase kündigen ihre Aktivitäten ganz unterschiedlich an. Der Darm meldet sich eindeutig – nach dem Motto: *„Diskussion zwecklos, jetzt passiert es dann gleich.“* Ganz anders die Blase: Bei ihr muss man schon ein bisschen „Fachfrau“ oder „Fachmann“ geworden sein, um ihre Signale richtig zu verstehen und auch ernst zu nehmen. Zuerst lässt sie immer noch recht lange mit sich handeln. Doch dann, ganz plötzlich, besteht sie kompromisslos auf ihrem Recht.

Eine **Darm-Entleerung** kündigt sich durch ein langsam immer stärker werdendes und schließlich recht penetrantes Rumoren und Drücken im Bauch an. Dieses Geschehen ereignet sich bevorzugt zu einer bestimmten Tageszeit – zum Beispiel nach dem Aufstehen, kurz nach der zweiten Frühstücks-Tasse oder nach dem Mittagessen. Viele Menschen haben seit ihren Kleinkind-Jahren – und dann zeitlebens – ihre feste Zeit für die tägliche Stuhlabgabe. Diese eindeutige Anmeldung und die recht zuverlässige Regelmäßigkeit des Geschehens erleichtern es offensichtlich einem Kind, im Laufe des zweiten Lebensjahres eine nahende Darmentleerung wahrzunehmen und sich Schritt für Schritt darauf einstellen zu können. Die perfekte Kontrolle wird dann noch ein Weilchen auf sich warten lassen, doch es geht schrittweise weiter.

Ist Ihr Kind entwicklungsmäßig so weit, dass es Empfindungen aus dem Darmbereich wahrnimmt, merken Sie das an seinem Verhalten. Ihr Kind reagiert mit Aufmerksamkeit auf die vermehrte Aktivität des Darmes, mit dem dieser die bevorstehende Entleerung ankündigt. Es hört in sich hinein, unterbricht kurz sein Spiel und verfolgt mit ernster, konzentrierter Miene, wie der Stuhl in die Windel gleitet.

In diesem Ablauf sind bereits die ersten zwei **Erfolgs-Schritte** versteckt.

Der 1. Erfolgs-Schritt auf dem Weg zur perfekten Darm-Kontrolle:

Jetzt nimmt das Kind erstmals bewusst wahr, dass sich sein Bauch ein- oder zweimal am Tag anders als sonst anfühlt. *„Aua-Bauch"* nennt Nikita das, und Raffael sagt *„Komisch unten"*. Wichtig für diese Entwicklungsstufe ist, dass die kindliche Aufmerksamkeit auf ein bestimmtes Körpergefühl gerichtet ist, das bald vertraut wird.

Dass Ihr Kind das Gefühl wiedererkennt und richtig zuordnet, merken Sie daran, dass es erste Vorbereitungen für die Stuhlabgabe trifft. Es unterbricht seine Aktivitäten und zieht sich an ein abgeschiedenes Plätzchen zurück oder macht es sich sonstwie bequem. Nun kann das Geschehen in aller Ruhe ablaufen – zunächst einmal in die Windel, was noch völlig richtig ist. Alles andere würde jetzt noch überfordern.

Das bewusste Einkoten in die **Windel** ist ein wichtiger Etappensieg – der **2. Erfolgs-Schritt**. Jetzt kann es ganz unterschiedlich weitergehen:

- **Lara** spielt nach dem Geschehen einfach weiter, als ob es das Duftpaket in ihrer Hose nicht gäbe. Erst wenn sie darauf angesprochen wird, scheint es ihr wieder einzufallen.

- **Sven** will „es“ möglichst schnell raus haben. Er will mit voller Windel weder stehen, noch sitzen, noch liegen – und schon gar nicht spielen.

- **Theo** kommt angerannt und meldet freudestrahlend das Ereignis: *„Stinker macht!“*. Er erwartet rundherum begeisterte Gesichter. Und die hat er auch verdient. Er hat nämlich bereits die nächste Hürde genommen.

Das Kind ist nun soweit, das mitzuteilen und zu benennen, was gerade eben oder vor wenigen Minuten bei ihm passiert ist. Das ist der **3. Erfolgs-Schritt**: Die „Meldung im Nachhinein“.
Noch einiges mehr – und deshalb auch noch viel Zeit und Geduld – gehört dazu, jetzt noch aufmerksamer und schneller zu werden und bereits die einen Stuhlgang ankündigenden „Empfindungen“ melden und passend „bearbeiten“ zu können, so dass tatsächlich noch eine Chance besteht, rechtzeitig und mit nacktem Hintern auf dem Topf oder Klo anzukommen. Sie ahnen schon: Das ist der **4. Erfolgs-Schritt**.
Wir befinden uns ganz kurz vor dem Ziel.
Doch halt. Eine Hürde kann es noch geben. Und die ist gar nicht so selten mit einem zeitweiligen Rückschritt verbunden.

Kennen Sie diese Situation?

- **Manulo**, knappe drei Jahre alt und erst seit wenigen Tagen stolzer „Ins-Töpfchen-Macher“, sitzt mit nacktem Po auf dem flauschigen Badezimmerteppich und knetet hingebungsvoll seinen Töpfcheninhalt zwischen den Fingern. *„Ist warm!“* informiert er die beim Eintreten erstarrte Mutter. Dieses Mal kommt kein Lob aus ihrem Mund. Er versteht die Welt nicht mehr, als sie ihn mit einem spitzen Schrei hochreißt, zum Waschbecken zerrt und ihm

ziemlich grob die Hände mehrmals mit Wasser und Seife schrubbt. *„Der Stinker war doch gar nicht schmutzig, er ist mir nicht auf den Boden gefallen!“*, versucht er unter Tränen zu erklären.
Mit dem Anmelden des Geschehens war es erst einmal vorbei. Es dauerte mehrere Wochen und brauchte viele Gespräche, bis Manulo wieder nicht mehr schweigend in die Hose machte, sondern nun einen erneuten Versuch wagte, den Topf zu benutzen. Von jetzt an durfte er sein Produkt in Ruhe ansehen und anschließend selbst ins Klo kippen und hinunterspülen.

Wer soll so etwas Kompliziertes auch auf Anhieb verstehen? Ein Kind sicher nicht. Denken Sie sich doch mal in Ihre Tochter oder Ihren Sohn hinein. Ein Riesenumstand für ein Endprodukt, dessen genauere Untersuchung einem mit vor Ekel gerümpfter Nase untersagt wird. Es kommt noch schlimmer: Das angeblich so heiß Ersehnte wird einfach das Klo hinabgespült, als ob es das ganze Theater darum nie gegeben hätte. Es gehört schon recht viel Reife und Verständnis für die elterliche Welt dazu, zu akzeptieren, dass es sich beim Kacka um nichts anderes als um nun wertlos gewordene Essensreste handelt, die – wenn sie erstmal „ordnungsgemäß“ abgegeben sind – plötzlich nicht mehr wichtig zu sein scheinen.
Moment, da kann es doch noch ein anderes Problem geben. Es gibt Kinder, die melden ihren Stuhlgang perfekt, wollen sich aber zur Stuhlabgabe nicht auf das Klo setzen, sondern dafür – wie früher – eine Windel umgebunden bekommen. Kein Problem. Die Erklärung für dieses gar nicht seltene Phänomen und Tipps zur Überwindung dieser Übergangssituation finden Sie in Kapitel 9.
Profi ist, wer alle diese Hürden nimmt – und das sind immerhin über 90% aller Kinder, denen es bis zu ihrem dritten Geburtstag gelingt, die Kotabgabe zu kontrollieren. Bis auf ganz wenige Ausnahmen haben alle Kinder, bis sie vier Jahre alt sind, das Ziel „perfekte Darm-Kontrolle“ endgültig erreicht.
Einkotende Kinder haben es schwer. Sie und ihre Eltern brauchen Hilfe. Die Kinder brauchen Hilfe, um nicht den Entwicklungsanschluss zu verpassen und ihre soziale Integration zu gefährden. Die Eltern brauchen Hilfe, um das Verständnis für ihre Kinder nicht zu verlieren und sie nicht als „hoffnungslose Fälle“ aufzugeben. (Ausführliche Informationen in Kapitel 8 und 9.)

Und was meint der Kinderarzt damit, wenn er von einem „normalen Entwicklungsverlauf" spricht?

- Es ist der **Entwicklungsverlauf**, den die meisten Kinder zeigen, und nach dem die Werte in den sogenannten Entwicklungstabellen ausgerichtet werden.
- **Entwicklungstabellen** sind nichts zum Fürchten. Sie sind nichts anderes als die Auflistung vieler Ergebnisse aus verschiedenen Bereichen, die jeweils mit Hilfe von Durchschnittsberechnungen aus den Angaben über die Entwicklung von Tausenden von Kindern ermittelt worden sind. Es handelt sich um theoretische Richtlinien, die nur **ein** Beurteilungskriterium unter vielen zur Entwicklungseinschätzung sind.
- Das Durchschnittskind, dessen Werte hier verzeichnet sind, gibt es nicht. Vickys und Oles Entwicklung verläuft mit individuell verschiedener Geschwindigkeit, sogar für jeden Verhaltensbereich unterschiedlich.
- Deshalb sind in den heutigen Tabellen zur Entwicklungs-Diagnostik nicht mehr Einzelleistungen aufgereiht, die zu einem bestimm-

Die Blase verlangt mehr

Was ist bei der Blasen-Kontrolle schwerer als bei der Darm-Kontrolle? Kinder wie Erwachsene müssen viel häufiger am Tag Harn als Kot abgeben, und dies mit weniger Regelmäßigkeit.

Die Blase verlangt also generell mehr Aufmerksamkeit, über den ganzen Tag verteilt. Zusätzlich ist ihr Vorwarnsystem viel nachlässiger und deshalb schwieriger zu verstehen als das des Darmes. Erst ganz kurz, bevor es zu spät ist, schlägt die Blase so richtig Alarm. Davor meldet sie sich schon mal hin und wieder mit einigen dezenten *„Bald passiert es"*-Signalen, zwischen denen aber noch ziemlich lange *„Vergiss es wieder"*-Pausen sein können. Solche Signale lassen sich ganz leicht ignorieren – vor allem, wenn im Moment etwas viel Interessanteres auf dem Programm steht, als zur Toilette zu gehen.

Das heißt: Jedes Kind muss erst begreifen, dass dieses vorsichtige Anklopfen der Blase tatsächlich ihm gilt und zu einem Toilettengang auffordert. Denn wenn es dann wirklich Ernst wird, wenn Überschwemmung droht, dann geht alles unheimlich schnell. Die nun prallvolle Blase schlägt jetzt zwar eindeutig Alarm – starken Harndrang nennen wir dieses Gefühl – doch jetzt darf es keinerlei Aufschub mehr geben. Ein kurzes Zögern, eine kleine Ablenkung, das Klo nicht sofort finden, die Hose nicht aufbekommen – alles, was unerwartet dazwischen kommt, bedeutet eine kleine Katastrophe. *„Das war knapp!"* haben auch Sie sicher schon oft gedacht, wenn es so gerade eben noch geklappt hat.

ten Alter erbracht werden müssen (z.B. frei sitzen: acht Monate). Die heutigen Tabellen geben eine grob umrissene Abfolge von Entwicklungsbereichen vor, die individuelle Abweichungen zulassen. So werden Entwicklungs-Schnellzüge im einem Bereich (z.B. Sprachentwicklung) und Entwicklungs-Bummelzüge in einem anderen (z.B. Sauberkeit) für durchaus normal gehalten und bei der Gesamtbeurteilung eines Kindes berücksichtigt.

Dass die Darm-Kontrolle bei einem Kind im Normalfall früher und zuverlässiger funktioniert als die Blasen-Kontrolle, verwundert Sie sicher jetzt nicht mehr so. Die Blase perfekt zu kontrollieren, ist also schwieriger, als den Darm zu beherrschen, und es kann durchaus vier bis fünf Jahre lang dauern.

„Wie bitte?" werden viele von Ihnen mit Erstaunen fragen. Sie haben völlig richtig gelesen: Die meisten Kinder erreichen die Sauberkeit zwar früher, doch bis zum Alter von fünf Jahren wird das Einnässen als noch im Rahmen des normalen Entwicklungsverlaufs gesehen, noch nicht als auffällig eingeschätzt oder gar als besorgniserregend gewertet.

Sie wissen jetzt ja schon, dass der Weg zur perfekten Darm-Kontrolle über einzelne aufeinander folgende Erfolgs-Schritte abläuft. Das ist bei der Blasen-Kontrolle nicht anders.

Doch hängen diese Erfolgs-Schritte sehr stark vom kindlichen Entwicklungstempo ab. Bestimmte körperliche Fähigkeiten müssen erst vorhanden sein, genaugenommen gereift sein (siehe Kapitel 3), bevor das Kind eine Chance auf Erfolg hat.

Da müssen zuerst einmal die Nervenverbindungen zwischen Gehirn und Blase soweit fertiggestellt und ausdifferenziert sein, dass das Kind Harndrang spüren und ihn als Signal der vollen Blase zuordnen kann. Im Laufe der wei-

Die Wissenschaft hat festgestellt:

- Ein Kind gibt in den ersten Lebensmonaten etwa 30 mal in 24 Stunden Harn ab. Soweit wir wissen, geschieht das unbewusst.
- Die Harnabgaben werden erst mit einem halben Jahr seltener – jetzt sind es noch etwa 20 pro Tag. Dafür sind zunehmend ausreifende Nervenbahnen verantwortlich, die dafür sorgen, dass die Blasenwandmuskulatur sich nicht dauernd zusammenzieht, was jedes Mal eine Urinabgabe bedeutet. Weniger Harnabgaben und ein somit größeres Blasenvolumen sind die Folge.
- Die nun vollere Blase schafft die Voraussetzung, dass sich zwischen dem 18. und 30. Lebensmonat ein wichtiger Reifungsschritt vollzieht: Die Wahrnehmung für die volle Blase und das Harndranggefühl entwickelt sich. Das heißt: Erst dann klappt die Verschaltung so gut, dass ein Kind die Körpersignale einer stark gefüllten Blase wahrnehmen kann.
- Dieser Entwicklungsschritt ist die wichtigste Voraussetzung, um überhaupt etwas über den Vorgang im Körper nach außen melden und darauf reagieren zu können.

teren Entwicklung kann das Kind nun immer mehr Einfluss auf seine Blasen-Entleerung nehmen und schließlich weitgehend selbst bestimmen, wann und wo es seine Blase entleeren will.
Und was bedeuten diese Erkenntnisse für das Familienleben von Felix, Peer und Yolanda?

- **Felix**, knappe vier Jahre alt, bittet seinen Vater, noch kurz auf ihn zu warten, weil er noch schnell vor dem Spielplatzbesuch zu Hause Pipi machen will. *„Auf dem Spielplatz pinkle ich nicht gern. Da geniere ich mich, weil die anderen so glotzen und es hinten bei den Büschen immer stinkt."*

- **Peer**, drei Jahre und zwei Monate alt, fährt mit Mama im Auto über die Autobahn zu den Großeltern. *„Mama, ich muss mal!" – „Das geht jetzt gerade nicht, der nächste Parkplatz kommt aber gleich. Kannst Du es noch aushalten? Du kannst ja mit aufpassen und mir sofort Bescheid sagen, wenn das blaue Schild mit dem P kommt, das ich Dir schon öfter gezeigt habe. Dann fahre ich sofort ganz schnell raus."*

- *„**Yolanda**, geh' doch noch mal schnell vor dem Schlittenfahren zur Toilette, damit wir Dich nicht wieder nach der ersten Abfahrt aus dem Schneeanzug pellen müssen."*

Haben Sie übrigens schon einmal darüber nachgedacht, dass solche Vorkehrungsmaßnahmen nur mit der Blase klappen, mit dem Darm aber nicht? Wir können nicht schon mal vorsorgehalber eine kleine Portion Stuhl absetzen, damit wir dann längere Zeit Ruhe haben.

Am besten ist es natürlich, wenn Ihr Kind sozusagen „auf Befehl pinkeln" kann, ohne zu „müssen" – beispielsweise vor einer längeren Autofahrt.

Aber dafür müssen erst die körperlichen Voraussetzungen für eine perfekte Blasen-Kontrolle geschaffen sein. Nur dann kann Ihr Kind überhaupt folgsam auf Ihre Anweisungen reagieren. Vorher mag Ihr Kind noch so willig sein – es kann noch nicht klappen. Ganz einfach deshalb, weil die körperlichen Vorbedingungen noch nicht weit genug entwickelt sind.

- Die Nervenbahnen haben sich frühestens Ende des 2. Lebensjahres – häufig jedoch erst im Laufe des 3. – so differenziert entwickelt, dass ein Kind zur perfekten Kontrolle seiner Blasen-Schließmuskeln fähig ist: Jetzt wird bereits eine zunehmende Blasenfüllung gespürt – und zwar, bevor die Blase prall gefüllt und alles zu spät ist.
- Nach dem 4. Lebensjahr sind rund 80% der Kinder in der Lage, bei Harndrang die Harnabgabe noch einige Zeit selbst hinauszuzögern. Eine weitere Leistung kommt im gleichen Alter hinzu: Jetzt können die Kinder sogar bei geringer Blasenfüllung eine Harnabgabe willentlich einleiten.

Kapitel 1: Das Wichtigste in Kürze

- Der Darm ist leichter zu kontrollieren als die Blase. Er muss seltener entleert werden, und seine Signale sind eindeutiger und regelmäßiger.
- Mit vier Jahren können über 90% aller Kinder ihren Darm kontrollieren.
- Seine Blase perfekt zu beherrschen, kann durchaus vier bis fünf Jahre lang dauern, auch wenn es die meisten Kinder im dritten Lebensjahr schaffen.
- Viele Eltern verlangen zu früh eine perfekte Blasen-Kontrolle.
- Denn zuerst müssen wichtige Voraussetzungen entwickelt sein, damit ein Kind Harndrang wahrnehmen, darauf reagieren und seine Blase willentlich entleeren oder eben nicht entleeren kann.

2

Sauberwerden – ein Weg, der Zeit und Geduld braucht

In diesem Kapitel erfahren Sie, ...

- warum Sie Ihrem Kind Zeit geben müssen, sich zu entwickeln
- warum die Zeit und Geduld, die Sie Ihrem Kind geben, Ihnen beiden später ein Vielfaches an zeitaufwändigen Mühen ersparen
- warum auch Rückschritte Schritte nach vorn sein können

Warum sage ich Ihnen das?

Weil ich aus vielen Beratungsgesprächen weiß, dass Eltern oft ungeduldig auf ihren ersten „Auftritt“ im Stück „Sauberkeit“ warten, aber nicht so recht wissen, wie dieser dann aussehen sollte. Bitte, machen Sie sich eins immer wieder klar: Für Sie ist zunächst nur die Rolle des behutsamen und verständnisvollen Helfers an der Seite der „jungen Helden“ vorgesehen.
Auf dem Weg zur perfekten Blasen-Kontrolle Ihres Kindes werden Sie mit Unerwartetem und auch mit auf den ersten Blick Unverständlichem konfrontiert. Ich will Sie auf unerwartete Zwischenfälle vorbereiten, damit diese nicht mehr ganz so überraschend sind.
Ich will Ihnen aber auch „unheimliche“ Begegnungen mit Ihrem Kind erklären, damit sie Ihnen nicht mehr so außergewöhnlich erscheinen. Alles, damit Sie lernen, mit der neuen Situation umzugehen, und vor allem Geduld und Zuversicht behalten. Denn diese zwei Tugenden sind für einen Erfolg unbedingt nötig.

Kennen Sie diese Situation?

- **Babette** (zwei Jahre alt) steht singend am Couchtisch und zieht ihre Puppe um. Plötzlich stoppt sie und geht langsam in die Hocke. In dieser Stellung verharrt sie einen Moment. Dann springt sie auf und rennt zu ihrem Vater, der mit der Zeitung im Sessel sitzt. *„Papa, Bette hat Hose gestrullt!"*

Wie könnte der Vater reagieren? Spielen wir mal einige Varianten durch.

Reaktion	Kurzkommentar
„Nie hat man in diesem Haus mal fünf Minuten Ruhe!"	Unangebrachter Rundum-Vorwurf
„Toll, aber hättst Du das nicht vorher sagen können?"	Versteckter Vorwurf. Das anfängliche Lob wird dadurch entwertet.
„Jetzt ist es sowieso zu spät, laß mich meine Zeitung weiterlesen."	Das nennt man „jemandem die Luft rauslassen"
„Geh zu Mama, die weiß, was da zu tun ist."	Sich aus seiner Verantwortung schleichen
„Warum ist denn das schon wieder passiert? Das merkt man doch, wenn es kommt.	Ungerechtfertigter Vorwurf, der mangelnde Kenntnis über die Entwicklungs-Zusammenhänge zeigt
„Hast Du es gemerkt? Prima! Dann gehen wir schnell die Windel wechseln."	Positive Reaktion

Auf Ihre Reaktion kommt es an

Die Möglichkeit, dass mit Babette richtig geschimpft und sie womöglich bestraft wird, können wir mit großer Wahrscheinlichkeit ausschließen. Hätte sie so etwas nämlich in vergleichbaren Situationen schon mal erlebt, würde sie ihrem Vater das Ereignis nicht mitteilen, sondern die nasse Windel oder Hose verheimlichen.

Diese Situation „Meldung im Nachhinein“ ist typisch für den Anfang beim Sauberwerden. Wir kennen sie bereits von der Darm-Kontrolle (Kapitel 1). Jetzt kommt es auf Ihre Reaktion an. Sie machen nichts falsch, wenn Sie verstanden haben, dass es für ein Kind anfangs bereits eine lobenswerte Leistung ist, das zu melden, was gerade eben abläuft oder soeben abgelaufen ist – auch dann, wenn es für Ihr Eingreifen schon zu spät ist, wenn alles bereits in die Hose gegangen ist und Sie für den Moment nichts mehr retten können.

Die zweite der oben aufgeführten sechs Reaktionen wirkt sich zweifelsfrei am positivsten aus. Babette versteht und genießt das Lob, das sie für ihre Aufmerksamkeit bekommt; sie wird ermuntert, weiterhin auf Signale aus dem Blasenbereich zu achten. Der anschließende Vorschlag zeigt ihr, wie man das Problem der nassen Windel gemeinsam angehen kann.

Vorwürfe – global, versteckt oder mit Enttäuschung versehen – genauso wie Desinteresse, helfen niemandem. Aber sie können schaden, weil sie einen Rückfall in die kommentarlose Zeit bewirken, der alles wieder verzögern wird. Das Kind liest nämlich zwischen den Zeilen: *„Der Papa oder die Mama freuen sich ja gar nicht, wenn ich es ihnen sage.“* Also verzichtet es auf die Meldung. Es lohnt sich ja offensichtlich nicht, auf das Geschehen im Unterleib zu achten.

Vorwürfe sind absolut fehl am Platz, weil sie verunsichern. Denn Ihr Kind wird in diesem Stadium noch vom Ablauf des Geschehens überrollt und kann deshalb dessen Herannahen überhaupt noch nicht melden. Es ist ja noch gar nicht lange her, dass Ihr Kind den Harndrang als Körpersignal überhaupt erst kennen gelernt hat.

Jeden Erfolgsschritt positiv begleiten

Sie als Eltern befinden sich ja sicher schon seit einiger Zeit in den Startlöchern und warten auf Ihren Einsatz. Jetzt können Sie tatsächlich helfen. Indem Sie jeden Erfolgs-Schritt, den Ihr Kind tut, positiv begleiten. Also versuchen Sie nicht, einen Entwicklungsschritt zu beschleunigen, sondern bestärken Sie ihn, sobald sich einer andeutet. Damit machen Sie die ganze Entwicklung stabiler. Warum das Beschleunigen nicht klappen kann, erfahren Sie in Kapitel 3.
Und wie soll das Bestärken gehen?
Das Beispiel von Babette zeigt deutlich, wie auch bei der Blasen-Kontrolle der **1. Erfolgs-Schritt** dadurch gekennzeichnet ist, dass das Kind aufmerksam für die Signale im Blasenbereich wird und das neue Gefühl Harndrang registriert und bald erkennt.
Auch den **2. Erfolgs-Schritt** kennen wir schon von der Darm-Kontrolle. Es ist die „Meldung im Nachhinein“: *„Papa, Bette hat Hose gestrullt!“* Sie ist wichtig und bereits ein dickes Lob wert.

Kennen Sie diese Situation?

- **Una** (zwei Jahre alt) befindet sich im Stadium „Meldung im Nachhinein“, für das ihre Eltern bereits Interesse gezeigt und sie gelobt haben. Nun beobachtet die Mutter seit einigen Tagen, dass Una beim Spielen plötzlich trippelt und tänzelt, manchmal die Beine zusammenpresst – und kurz danach mit einer neuen Erfolgsmeldung naht. Die Mutter interpretiert die Situation richtig, wenn sie davon ausgeht, dass Una den stärker werdenden Harndrang verspürt und nun alles versucht, um die Harnabgabe hinauszuzögern.

Jetzt ist im Entwicklungsverlauf der knapp unter oder kurz über Zweijährigen der Augenblick gekommen, in dem Sie am Verhalten Ihres Kindes eindeutige Anzeichen für Harndrang ablesen können.

Der **3. Erfolgs-Schritt**: Ihr Kind nimmt nicht nur den Harndrang wahr, sondern versucht bereits darauf zu reagieren. Anfangs noch mit Trippeln, Tänzeln, Oberschenkel zusammen Klemmen – also Versuche, den Harndrang für eine Zeitlang ungeschehen zu machen. Später dann – mit Ihrer Hilfe – weit effektiver mit einem Toilettengang, um die Blase zu entleeren. Die Reaktionen des Kindes auf seinen Harndrang sind für Sie der sichere Beweis, dass Ihr Kind nun in der Lage ist, die Signale der vollen Blase zu spüren und nicht erst ihre Entleerung.

Wenn Sie Anzeichen für Erfolgs-Schritt 3 erkennen, sprechen Sie Ihr Kind darauf an. *„Ich glaube, Du musst Pipi, komm, wir versuchen mal, ob es ins Töpfchen plätschert!“*

Aber nur vorschlagen, nicht erzwingen.

Was kann auf diese Anregung hin passieren?

- Es gibt Kinder, die bei dieser Aktion sofort begeistert dabei sind, und bei denen es in den nächsten Wochen auch immer wieder klappen wird, dass sie sich aufs Töpfchen setzen und mitunter sogar reinpinkeln.
- Genauso gibt es Kinder, die diese Prozedur ein- oder zweimal ganz nett finden, dann aber auf dieses Thema vorerst nicht mehr anzusprechen sind. Die Sache hat ihren Reiz verloren. Fertig.
- Mir sind auch schon häufig Kinder begegnet, die diesen Vorschlag schlichtweg albern finden. Was sich deutlich daran zeigt, dass sie nicht von sich aus nach Topf oder Toilette fragen und außerdem gegen alle Zwangsmaßnahmen protestieren werden.

Ich wage eine Prognose. Wenn Sie spekulieren müssten, welcher der drei Kindertypen wohl am schnellsten trocken wird, glaube ich, dass Sie die meisten Chancen der ersten Gruppe geben. Bei der zweiten Gruppe vermuten Sie – meiner Schätzung nach – etwas mehr Schwierigkeiten, weil Sie denken, dass diese Kinder wohl etwas länger brauchen. Mit ziemlicher Sicherheit werden Sie davon ausgehen, dass Gruppe 3 als letzte ins Ziel gehen wird.

Ich muss Sie enttäuschen, kann Sie aber gleichzeitig beruhigen. Sie liegen mit Ihrem Tipp zwar daneben, brauchen sich dafür aber auch keine Sorgen zu machen, falls Ihr Sohn oder Ihre Tochter nicht zur ersten Gruppe gehören sollte. Der Startumgang mit Topf oder Toilette sagt überhaupt nichts über Sauberkeitserfolge und die bis dahin noch anstehende Zeit aus.
Wer am Ende schneller trocken ist – jemand aus der Reihe der begeisterten Topfsitzer, einer der jetzt noch eher Distanzierten oder sogar einer der klar Ablehnenden – das lässt sich vorab überhaupt nicht sagen.
Ich hatte versprochen, Sie auf Besonderheiten beim Sauberwerden hinzuweisen. Hier ist eine, die gar nicht so selten zu beobachten ist:

- **Sascia** zappelt mit zusammengepressten Schenkeln auf dem Stuhl herum. Ihr Vater bringt den Topf und sagt: *„Sasci-Maus, mach doch mal schnell Pipi. Ich glaube, es will raus, Du kannst ja schon gar nicht mehr richtig sitzen."* Sascia läuft zum Topf, rennt aber nochmal weg, holt ihren Teddy vom Sofa und setzt diesen auf den Topf. Während sie ihn liebevoll hält und ihm ermutigend zuspricht, doch jetzt *„Pipi ins Topfe"* zu machen, pinkelt sie selbst in die Windel.

„Kann mir bitte mal jemand erklären, was das bedeuten soll?" wird der Vater fassungslos stöhnen. Trotz aller anfänglichen Überraschung ist die Situation eigentlich eindeutig. Man braucht Vertrauen in diese Gefäße – Töpfchen wie Toilette – bevor man sie selbst benutzt. Der Aufbau dieses Vertrauens braucht Zeit. Vertrauen gewinnt man auf ganz individuelle Weise – zum Beispiel,

- indem **Maxine** mindestens 104 mal fragt: *„Falle ich da auch bestimmt nicht hinein? Hältst Du mich?"*
- indem **Nadine** bei jedem Klobesuch eines Familienmitglieds oder Gastes zuschauen möchte
- indem **Claudius** sich auch zum Spielen, voll bekleidet, ab und zu mal daraufsetzt
- indem **Felix** nur auf einen ganz bestimmten Topf geht, der nur an einer ganz bestimmten Stelle stehen darf

- indem die Szene eben, wie von Sascia, zuerst mehrmals mit vertrauten Wesen durchgespielt wird, bis der Vorgang schon fast zur Routine geworden ist, und man nun selbst – ohne Herzklopfen – in die Rolle des „Todesmutigen" schlüpfen kann.

Sie sehen: **Sauberwerden braucht Zeit und Geduld**.
Um sauber zu werden, muss ein Kind erst einmal Interesse an den Körper-Ausscheidungen gewinnen. Es muss daran etwas spannend finden – lohnend genug, sich näher damit zu beschäftigen. Die häufigste Aktivität in dieser Altersgruppe ist das Spielen. Für Kinder in diesem Alter ist das ganze Leben ein Spiel – und das Sauberwerden gehört mit zu diesem Spiel.
Wenn ein Kind sich für seine Ausscheidungen und alles was dazugehört – Topf, Toilettensitz, die Toilette selbst – zu interessieren beginnt, lassen die ersten Erfolge nicht mehr lange auf sich warten.

Kennen Sie diese Situation?

Viele Kinder spielen in der Zeit, in der erste Aufmerksamkeit auf Darm und Blase gerichtet wird, häufig, dass ihre Tiere Kacka oder Pipi machen müssen.

- **Anjuscha**, knapp zwei Jahre alt, hatte einen Adventskalender bekommen, aus dessen Türchen während der Vorweihnachtszeit 24 kleine Holztiere kamen. Sie spielte viel mit ihnen und ließ fast jeden Tag nacheinander alle Pipi (kleine Pfützchen aus dem Sprudelglas) oder Kacka (winzige Fetzen eines Papiertaschentuches, die hinter jedes Tier gelegt wurden) machen. Im Januar begann sie dann fast regelmäßig, die morgendlichen Schmuseminuten im Elternbett zu unterbrechen. Sie krabbelte raus, rief *„Juscha, Topfe, Pipi"* und lief Richtung Bad.

Sie erinnern sich daran: Jedes Kind muss seinen persönlichen Weg gehen, um sauber zu werden. Und was für Sie vielleicht nach Umweg aussieht, kann für Ihr Kind der direkte Weg sein.

Ihre Aufgabe ist es, wesentliche Erfolgs-Schritte zu unterstützen. Das geschieht automatisch, sobald Sie

- die „Meldung im Nachhinein" (Pipi gemacht) anerkennen
- einen Töpfchen- oder Toilettenbesuch anbieten, immer wenn Sie Anzeichen für Harndrang sehen.

Selbst wenn Ihr Kind auf Ihre Anregung hin nicht sofort begeistert zum Topf stürzt, passiert dennoch etwas Entscheidendes – Ihr Kind knüpft eine wichtige Assoziation: Aha! Harndrang spüren bedeutet, dass bald eine Entleerung passieren wird. Ein erst seit kurzem bewusst erlebtes Körpergefühl wird mit einem darauf folgenden Vorgang in Verbindung gebracht. Diese innere Verknüpfung ist auf jeden Fall ein Erfolg. Denn erst, wenn diese Verbindung besteht, kann Ihr Kind lernen, auf sein Körpergefühl zu reagieren und entsprechend zu handeln.

Doch das klappt nicht so einfach von heute auf morgen, sondern wird Schritt für Schritt bewältigt. Unterstützen Sie Ihr Kind bei jedem Schritt. Geben Sie ihm die Zeit, sich zu entwickeln. Irgendwann ist die perfekte Blasen-Kontrolle dann plötzlich kein Thema mehr.

Und was meint der Kinderarzt damit, wenn er sagt, ein Kind sei sauber?

- Das Kind kann den Harndrang so rechtzeitig melden oder von sich aus darauf reagieren, dass Vorbereitungen noch möglich sind – zum Beispiel die Toilette aufsuchen, die Latzhose aufknöpfen (4. Schritt)
- Das saubere Kind kann aber auch bei schwach gefüllter, ebenso wie bei prall gefüllter Blase willentlich Harn lassen. Ein wesentlicher Fortschritt, denn jetzt kann es vor dem Spielen im Garten noch mal kurz zur Toilette gehen, damit es nicht gleich wieder ins Haus und aufs Klo rennen muss (5. Schritt)
- Es kann sogar schon auf Notfälle reagieren, zum Beispiel einen nötigen Toilettengang kurzfristig hinauszögern, den Harn also noch wenige Minuten einhalten, bis im Kaufhaus ein WC gefunden, der Parkplatz angefahren oder man aus dem Kindersitz am Fahrrad rausgeholt worden ist (6. Schritt)
- Es schläft normalerweise ohne Toilettengang nachts durch. Wenn es abends mal besonders viel getrunken hat, erwacht es irgendwann in der Nacht, um zu Topf oder Toilette zu gehen. Dieser 7. Erfolgs-Schritt braucht am längsten.

Der Umgang mit der Dringlichkeit ist für die meisten Kinder die nächste Hürde. Wie viel Zeit bleibt mir zwischen verspürtem Harndrang und noch rechtzeitiger Harnabgabe? Hilfe, der Harndrang verändert ja seine Stärke, die Dringlichkeit nimmt zu, und die noch zur Verfügung stehende Zeit nimmt ab! Diese komplizierten Zusammenhänge in den Griff zu bekommen, muss jedes Kind für sich selbst ausprobieren und erfahren. Der Alltag bietet viele Lernsituationen. Ihre elterliche Reaktion, auch auf Misserfolge, entscheidet, ob wirklich etwas gelernt wird.

Früh übt sich, wer ein Meister werden will

Für Ihr Kind ist das alles eine ganz neue Aufgabe, eine Herausforderung. Um die zu bewältigen, braucht es jemanden, der ihm dabei zur Seite steht. Und das sind Sie, die Eltern. Es kann durchaus sein, dass diese Übungsperiode für Sie eine recht stressige Zeit wird. Aber hier geduldig zu sein, lohnt sich.
Viele Kinder beginnen ihren Versuch damit, dass sie – mit Vorliebe im Beisein eines Elternteils – in ganz kurzen Abständen auf die Toilette gehen, weil anfangs bereits das erste Anzeichen von Harndrang als Startschuss für einen Toilettengang gewertet wird. Erst allmählich werden die Abstände zwischen den Toilettenbesuchen größer.
Zu Hause ist das alles kein großes Problem. Falls Sie jedoch zufällig in dieser „Übungszeit" viel mit Ihrem Kind unterwegs sind, werden Sie Örtlichkeiten kennen lernen, die Ihnen ohne Ihr Kind wahrscheinlich für immer verborgen geblieben wären.

- Mein Sohn **Nikolas** ging mit 2 ¾ Jahren – kurz nachdem er begonnen hatte, sich für das Toiletten-Know-how zu interessieren – mit uns auf eine einwöchige Reise nach Budapest.
  In jedem Laden oder Museum, jeder Kirche, jedem Restaurant oder Café, selbst in den U-Bahn-Stationen fragte er: *„Haben die ein Klo? Ich muss!"*
  Wo immer es einigermaßen ging, machten wir einen Toilettenbesuch möglich. Am Ende der Woche kannten wir fast alle Klos von Budapest – und Nikolas war sauber und trocken geworden.

Kinder, die das so machen – und das sind viele – haben sich ein äußerst günstiges Übungsverfahren gewählt. Sie schlagen nämlich zwei Fliegen mit einer Klappe:

- Sie erfahren den Zusammenhang zwischen zunehmender Dringlichkeit des Harndrangs und abnehmender Zeit, die bleibt, um den Toilettengang zu planen. Bald wissen sie, wann sie reagieren müssen, um es noch rechtzeitig zu schaffen.
- Doch damit nicht genug: Sie nehmen wahr, wie sich eine erst wenig gefüllte, eine voller werdende und schließlich eine prall gefüllte Blase anfühlen. Das erleichtert es ihnen, jeweils richtig zu reagieren.

Ganz nebenbei ist es ihnen dann binnen weniger Tage möglich, selbst mit einer nur wenig gefüllten Blase etwas Harn lassen zu können (5. Erfolgs-Schritt).

Klappen jetzt noch die zwei Notfallstrategien – das kurzfristige Aufschieben eines Toilettengangs und das nächtliche Aufwachen, falls die Blase drückt – dann ist das Kind sauber. Über 80% der Fünfjährigen haben auch den 6. und 7. Erfolgs-Schritt getan.

Das kurzfristige Aufschieben wird automatisch im Alltag geübt, weil sehr häufig ein Toilettenwunsch nicht auf der Stelle zu erfüllen ist. Wenn eine Toilette in fremder Umgebung irgendwie eklig, irritierend oder gar ängstigend wirkt, gehen Kinder nicht darauf. Der Widerwillen hilft die Blase zuzuklemmen, bis die nächste akzeptable Toilette oder eine Möglichkeit im Freien gefunden ist.

Im Gegensatz dazu kann das richtige Reagieren auf Harndrang bei Nacht nicht geübt werden. Dieser Erfolg – nämlich rechtzeitig aufzuwachen und zum Topf oder zur Toilette zu gehen – reift normalerweise ganz ohne unser Zutun mit der dem Kind eigenen Geschwindigkeit heran. Hier können Sie nur warten. Warum das bei Reifungsprozessen so ist, erfahren Sie in Kapitel 3.

Um Missverständnissen vorzubeugen und Enttäuschungen zu vermeiden, möchte ich betonen, dass beim Sauberwerden anfangs die Ab-und-zu-Erfolge viel häufiger sind als der große Durchbruch von einem Tag zum anderen. Selbst wenn die Blasen-Kontrolle schon recht gut klappt, sind Rückfälle etwas völlig Normales. Sie gehören offensichtlich zum Sauberwerden dazu. So wird zum Beispiel in der Nacht vor dem Ausbruch einer Infektionskrankheit bei vielen Kindern das Bett mal wieder nass. Ist das passiert, so können Sie raten, ob es diesmal Masern, Mumps, Scharlach oder sonst was werden wird.
Auch bei Aufregungen, positiven wie negativen, wenn das Kind Angst oder einen Schrecken bekommen hat, kommt es in den Anfangsjahren der Blasen-Beherrschung schnell mal wieder zu einem unkontrollierten Harnabgang. Das Gesamtsystem ist einfach noch nicht hundertprozentig stabil, eben noch störanfällig.
Am meisten verunsichert sind Eltern immer dann, wenn bei eigentlich perfekter Blasen-Kontrolle plötzlich mitten am Tag, ganz speziell beim Spielen, Rückfälle passieren. Und dabei sind das die typischsten. Sie haben sogar einen Namen: das **Spieleifer-Nässen**.

Kennen Sie diese Situationen?

- *„Vom Balkon aus sehe ich, wie* ***Alina*** *die Beine zusammenklemmt, sich an den Schritt fasst, dann aber weiterspielt. Zwischendurch hockt sie sich im Sandkasten auf die Fersen, um ja nicht zur Toilette gehen zu müssen, sondern weiter mit den anderen bauen zu können. Es geht dann auch noch einige Minuten gut, aber plötzlich ist es dann passiert. Am Anfang ging noch alles in die Hose und lief ihr die Beine runter. Jetzt stoppt sie es wenigstens nach den ersten Tropfen, rennt ins Haus und macht den Rest ins Klo. Aber die Hose ist dennoch nass.“*

- *„Eigentlich ist* ***Michael*** *auch tagsüber schon trocken. Nur wenn andere Kinder zum Spielen zu uns kommen, wenn es wild hergeht und er voll dabei ist, dann kann unser Michael nicht mehr an die Toilette denken. Alles, was er* *im Grunde schon kann, scheint vergessen zu sein. Wenn es dann passiert, ist er meist überraschter als ich. Und Schimpfen nützt nichts. Jetzt haben wir eine Vereinbarung getroffen: Bevor Kinder zu uns kommen oder Michael zum Spielen irgendwo hingeht, muss er jedesmal vorher zur Toilette, dann passiert nichts.“*

Das Spieleifernässen kennen Sie sicher. Es ist keine Funktionsstörung, keine Krankheit. Es ist ein mal länger, mal kürzer dauerndes Stadium, bevor das Kind begriffen hat, dass man auf seine Blase „hören“ muss, um sie souverän kontrollieren zu können. Es muss einfach noch lernen, dass auch in tollen Spielsituationen die Blasen-Entleerungs-Gesetze gelten.
Dass also Trippeln und Zusammenpressen der Schenkel – auch wenn das Spielen gerade noch so wunderbar ist – nur kurzfristig erfolgreich sind, um den steigenden Harndrang zu unterdrücken und den immer dringender werdenden Toilettengang hinauszuschieben. Irgendwann werden die Hinhalteversuche zwecklos, die Flüssigkeitsmenge in der Blase zu groß … es ist passiert!
Man muss erst mehrmals erlebt haben, dass nicht die ganze Spielgruppe auseinandergerannt ist, wenn man wenige Minuten später von der Toilette zurückkommt, dass man immer noch mitspielen darf, und dass es „danach“ mindestens genauso viel Spaß macht wie „zuvor“. Und – etwas für coole Rechner – dass es letztendlich mehr Spielzeit kostet, neu eingekleidet zu werden, wenn die Hose nass ist.
Hierzu braucht man dringend Eltern, größere Geschwister oder Erzieherinnen, die einen daran erinnern, dass man ganz offensichtlich zur Toilette muss. Wenn Ihr Kind auf so einen Hinweis nicht reagiert, sondern ihn im Spiel ignoriert, „schnappen“ Sie es mit sanfter Gewalt, bringen es zur Toilette und helfen ihm, dass alles ganz schnell geht. Geschickte Erzieherinnen „frieren“ die restliche Spielgruppe mit einem Zauberwink kurz ein – niemand darf sich bewegen – bis Max oder Cora wieder von der Toilette kommt. So erlebt das Kind, dass es wider Erwarten möglich ist, kurz die volle Blase zu entleeren und dann schnell weiter zu spielen. Hat es das einige Male erlebt, bleibt es auch unter Spielanspannung trocken.

Kapitel 2: Das Wichtigste in Kürze

- Die „Meldung im Nachhinein“: *„Mama, Pipi gemacht“* ist keine Panne, sondern ein wichtiger Schritt zum Erfolg.
- Wenn Sie bei Ihrem Kind Zeichen von Harndrang sehen, machen Sie es darauf aufmerksam. Denn Harndrang spüren bedeutet, dass die Blase sich bald entleeren will.
- Wie lange man bei Harndrang noch warten kann, bevor man zur Toilette muss, darin muss man Erfahrungen sammeln, besonders beim Spielen.
- Jeder Erfolgs-Schritt muss positiv begleitet werden – nicht beschleunigt, sondern bestärkt.

3

Der Schritt von der Sauberkeits-Entwicklung zur Sauberkeits-Erziehung: Wann und wie?

In diesem Kapitel erfahren Sie, …

- worin sich Entwicklung und Erziehung grundsätzlich unterscheiden
- wie sich die Blasen-Kontrolle aus Reifungs-Schritten und Lern-Leistungen zusammensetzt
- dass früher zwar alles anders, aber nicht unbedingt besser war
- welche Revolution in der Sauberkeits-Erziehung stattgefunden hat
- ab wann Sauberkeits-Erziehung überhaupt erst Sinn macht

Warum sage ich Ihnen das?

Ich kenne zu viele große und kleine Leute, die unter der Sauberkeits-Erziehung leiden oder gelitten haben, als dass ich dieses heikle Thema unangesprochen lassen könnte. Braucht die Sauberkeits-Erziehung länger als erwartet, leiden übrigens die Erziehenden kaum weniger als die zu Erziehenden. Beide stehen unter einem gewaltigen Erfolgsdruck.

Was ist denn eigentlich „Sauberkeits-Erziehung“?

Würden Sie die Hilfestellungen, die ich Ihnen als Eltern in den beiden ersten Kapiteln als Ihren Part zugewiesen habe, bereits zur Sauberkeits-Erziehung zählen?

- Interesse an den kindlichen Äußerungen zum Thema zeigen?
- Mit Verständnis auf die schrittweise stattfindende Entwicklung reagieren?
- Die beginnende Aufmerksamkeit des Kindes für „Toilettenthemen“ fördern?
- Auf kindliche Harndrang-Signale mit Topfangeboten reagieren?

Nein? Warum nicht?
Welche Maßnahmen gehören Ihrer Meinung nach dann auf jeden Fall zu einer erfolgreichen Sauberkeits-Erziehung ?

1) Regelmäßiges Auf-den-Topf- oder Auf-die-Toilette-Setzen, bis etwas kommt	Ja	Nein
2) Nächtliches Wecken, um das Kind auf Töpfchen oder Toilette zu setzen?	Ja	Nein
3) Kontrolle der Trinkmenge am Abend?	Ja	Nein
4) Bestrafung für nasse Hose, für nasses Bett	Ja	Nein
5) Belohnung für trockene Hose, trockenes Bett?	Ja	Nein

Die Auflösung zu diesen „Quizfragen“ finden Sie auf der letzten Seite dieses Kapitels.

HALT! Wollen Sie tatsächlich gleich nachsehen? Oder gehen Sie mit mir die ganze Wegstrecke durch das spannende Abenteuer „Sauberkeits-Erziehung“? Ich verspreche Ihnen, ich werde Sie zum Staunen, Zweifeln, mitunter zum Nicken, garantiert zum Protestieren – und hoffentlich auch zum Nachdenken bringen.

Die Beispielkinder in Kapitel 1 und 2 sind im Laufe der Zeit allein dadurch sauber geworden, dass ihre jeweiligen Erfolgs-Schritte behutsam begleitet wurden. Wären sie mit einer „richtigen“ Sauberkeits-Erziehung vielleicht schneller trocken geworden? Hätte sich vielleicht kein Spieleifer-Nässen gezeigt? Hätten sich weniger Rückfälle ereignet? Nein. Mit Sicherheit nicht.

Denn der Weg zur perfekten Blasen-Kontrolle setzt sich zusammen aus Reifungs-Schritten (hier können Sie nichts beschleunigen) und Lern-Leistungen (hier können Sie dazu beitragen). Für die Reifungsanteile des Geschehens braucht jedes Kind seine individuelle Entwicklungszeit – und zwar möglichst ungestört. Für die nachgeordneten Lernschritte braucht es die liebevolle, konsequente Unterstützung der Eltern.

Dieses durch viele Untersuchungen festgestellte Phänomen wird von Eltern in der Regel mit zweifelndem Staunen aufgenommen.

Dazu ein paar **Original-Eltern-Kommentare** aus meiner Beratung:

- *„Was, die ganze Sauberkeits-Erziehung soll nichts nützen? Aber das hat man bei uns doch schon seit Menschengedenken so gemacht. Das kann doch nicht alles umsonst sein!“*
- *„Das glaub' ich Ihnen nicht, unser* ***Leo*** *hat noch nie etwas gekonnt, was wir ihm nicht vorher mühsam beigebracht haben.“*
- *„Ich kann doch nicht drei Jahre lang daneben stehen, nichts machen und zugucken, wie sie in die Hose pieselt.“*
- *„Wenn ich unseren Hunden beibringen muss, nicht überall hinzumachen, dann muss ich das den Kindern, bei denen die Natur nicht mehr so nah ist, doch erst recht beibringen.“*

Erst wenn die Voraussetzungen der „nervösen Verschaltung“ im Gehirn für eine kontrollierte Harnabgabe ungestört ausgereift sind, erst dann kommen die Eltern mit zum Zuge. Wenn das Kind Anzeichen von Harndrang zeigt, wenn es Interesse an seinen Ausscheidungen bekundet (und an denen anderer Leute), dann kann die Sauberkeits-Erziehung beginnen.
Und was lernt das Kind dabei? Es lernt den zeitlichen und örtlichen Umgang mit dem Harnlassen – wie es so schön heißt. Einfacher ausgedrückt:

Ihr Kind lernt, …

- wann man zur Toilette geht
- wieviel Zeit man vorab einkalkulieren muss, damit es noch rechtzeitig klappt
- wo und wie man den passenden Ort findet – und was man dort machen muss

Und bei wem lernt Ihr Kind das alles? Bei Ihnen, den Eltern – seinen wichtigsten Vorbildern.

Jetzt können Sie mit Ihrer Sauberkeits-Erziehung beginnen. Denn jetzt – nachdem das Gehirn die nötigen Schaltungen aufgebaut hat – ist Ihr Kind in der Lage, durch Nachahmen zu lernen.

Sie, die Eltern, sind das beste Lernmodell, das Ihrem Kind zur Verfügung steht. Spätestens ab dem zweiten Geburtstag merken Sie, dass Ihr Kind mit größter Begeisterung alles nachahmt. Diese Begeisterung kommt auch den pädagogischen Bemühungen in Richtung Sauberkeit zugute.

Ihr Kind lernt durch Nachahmung von Ihnen, den älteren Geschwistern und natürlich auch von den Spielkameraden alles Wichtige über die in jeder Familie oder Kultur üblichen Toilettengewohnheiten. Es lernt, wann man zur Toilette geht – nicht nur, wenn's bereits eilt, sondern auch „im Voraus". Vorbeugende Toilettengänge, noch ohne Harndranggefühl – zum Beispiel vor dem Mittagsschlaf, vor dem abendlichen Zubettgehen,

Die Wissenschaft hat festgestellt:

- Das Erreichen der Blasen-Kontrolle ist zuerst ein Reifungs-Phänomen.
- Was bedeutet Reifung im Zusammenhang mit den Entwicklungs-Schritten unseres Körpers?
  Das heißt, dass sowohl der Ablauf als auch die Geschwindigkeit der Entwicklungs-Schritte als festes Programm in jedem Kind angelegt sind und von seinem Gehirn aus gesteuert werden.
- Bei einem Reifungsprozess können weder die Reihenfolge der dazugehörigen Entwicklungs-Schritte noch die Zeit, die die einzelnen Schritte zu ihrer Entfaltung brauchen, durch Lernangebote „von außen" beeinflußt oder gar verändert werden.
- Für das große Ziel „Blasen-Kontrolle" reifen im Gehirn zuerst die Schaltungen heran, die …
  - für die Reduzierung der vielen Harnabgaben zuständig sind
  - ein größeres Blasenvolumen zulassen
  - und schließlich Harndrangempfinden bei voller Blase ermöglichen.

  Es folgt die Wahrnehmung der langsam ansteigenden Blasenfüllung. Und schließlich kommt es zu der Fertigkeit, selbst bei nur geringer Blasenfüllung – auf Aufforderung oder wenn nötig – Harn lassen zu können.

- Erst wenn der jeweilige Reifungsprozess abgeschlossen ist, können Feinheiten der Blasen-Kontrolle dazugelernt werden. Erst jetzt sollte Erziehung zum Einsatz kommen, weil sie erst jetzt erfolgreich sein kann.
- Die Entwicklung der Blasen-Kontrolle ist übrigens nicht der einzige Reifungsprozess im Körper. Beim Laufen ist das genauso: Man „lernt“ nämlich nicht zu laufen, dieser Ausdruck ist irreführend. Man kann es einfach irgendwann. Auch dabei handelt es sich um einen Reifungsvorgang, einen allein vom Gehirn gesteuerten Entwicklungsprozess. Alles, was zum Laufen gehört – die Bewegungsabfolge, die Koordination der Einzelbewegungen und das dazugehörige Gleichgewichtsgefühl – entwickelt sich im Innern des Kindes ohne jede Übung. Steht dieses Grundprogramm der Fortbewegung, können nun Spezialitäten gelernt werden – zum Beispiel das Laufen auf unterschiedlichen Oberflächen oder das Rennen, Springen, Hüpfen und alle möglichen „Kunststücke“.

vor dem Kindergarten, vor Ausgeh-Aktivitäten – sind günstig, um unnötige Störungen zu vermeiden. Kinder lernen, dass es mal mehr, mal weniger eilig ist – zum Beispiel, wenn Mama sagt:

- ***„Jessica**, mach' bitte ganz schnell die Puppenwäscheleine von der Klotür-Klinke ab. Ich muss dringend und habe doch die Hose mit der blöden Gürtelschnalle an, die immer klemmt.“*

Ihr Kind lernt mit dem Dranggefühl umzugehen. Es lernt dessen anwachsende „Dringlichkeit“ kennen, ebenso eine realistische Zeiteinschätzung der noch anstehenden Vorkehrungen. Durch Papas oder Mamas Kommentar lernt es, dass das Zusammenpressen der Oberschenkel, das Trippeln und Tänzeln auf der Stelle nur ganz kurz einen Toilettengang hinausschieben, ihn aber keinesfalls ersetzen können.
Indem man Mama oder Papa begleitet, kann man das zur-Toilette-Gehen üben: wie man in einer Gaststätte, einer fremden Wohnung, in der Bibliothek, im Kindergarten oder sonstwo ein Klo findet, oder wie man danach fragen kann.

Und wenn man zuschauen darf und alles erklärt bekommt, hat man die besten Chancen, auf der Toilette bald alles richtig zu machen.

Wenn ein Kind keine Windel mehr braucht, dann sind die Eltern erstmal recht bescheiden in ihren weiteren Anforderungen. Das rechtzeitige Signal *„Ich muss!“* reicht ihnen bereits, den „Rest“ des Toilettengangs übernehmen sie gerne noch einige Zeit. Das Leben ohne Windeln bedeutet jedoch für ein Kind keinen so großen Schritt nach vorn. Um auf der Toilette wirklich „glücklich“ zu werden, braucht es mehr, als nur die anstehende Entleerung melden zu können, nämlich:

- allein auf die Toilette gehen dürfen
- dort selbstständig zu Recht kommen
- wirklich „sauber“ wieder rauskommen
- nur noch auf eigenen Wunsch hin auf fremde Klos begleitet werden
- keine Hilfe mehr brauchen, weder von Mama noch von der Erzieherin
- keine Kontrolle mehr ertragen müssen

„Ich trau dir zu, dass du das alleine schaffst“, erst dieser viel sagende Satz oder Blick macht Kinder wirklich stolz.

Daran sollten Sie denken, wenn Kinder Eigeninitiative in diese Richtung zeigen und sich selbst reinigen wollen. Aus der Beratungssituation ist bekannt, dass Windelkinder, die sich an ihrer Reinigung beteiligen oder zumindest ihr Toilettenpapier selbst runterspülen dürfen, sich fürs Sauberwerden interessieren. Erfolgreiches Sauberwerden geht mit einem Selbstbewusstseins-Schub einher, der Auswirkungen auch auf Autonomietendenzen in anderen Bereichen hat. Ein sauberes Kind will sich bald auch selbst waschen, sich allein anziehen und allein essen. Eltern trauen übrigens „sauberen“ Kindern mehr zu und übergeben ihnen bald weitere Aufgaben in Eigenverantwortung.

Welche Rolle spielt die Erziehung beim Sauberwerden?

Die Wissenschaft hat festgestellt:

- Kinder **mit Sauberkeits-Erziehung** werden durchschnittlich **mit 30 Monaten** trocken. Hier ist eine gemäßigte Sauberkeits-Erziehung gemeint – in Form von regelmäßigen Topfangeboten, Aufforderungen zum Toilettengang und ab und zu nächtlichem Wecken mit Harnabgabe, bevor die Anzeichen von Harndrang da sind oder die Kinder Interesse an ihren Ausscheidungen zeigen. Tagsüber werden solche Kinder übrigens etwas früher, nämlich durchschnittlich mit 28 Monaten, nachts durchschnittlich mit 33 Monaten trocken.
- Kinder **ohne Sauberkeits-Erziehung**, bevor sie Anzeichen von Harndrang oder Interesse an ihren Ausscheidungen zeigen, werden durchschnittlich **mit 30 Monaten trocken** – und zwar tagsüber durchschnittlich mit 28 Monaten, nachts durchschnittlich mit 33 Monaten. Kommt Ihnen das Ergebnis bekannt vor?
- Und jetzt noch etwas zum Nachdenken: Auffallend ist, dass gerade

Der Schweizer Kinderarzt und Entwicklungsforscher Remo Largo legte kürzlich eine Untersuchung über die Veränderungen der Sauberkeits-Erziehung in den letzten 50 Jahren vor. Seine Ergebnisse sind mehr als spannend:

In den 1950er Jahren starteten einige Eltern das Training bereits in den ersten drei Lebensmonaten. Sie hielten ihr Kind über eine Windel, einen Topf, das Waschbecken oder die Kloschüssel. Dieses Phänomen finden wir heute in einer bestimmten Elterngruppe wieder, nun aber unter völlig anderen Gesichtspunkten.

In den 1950er Jahren setzten 32% der Eltern ihre Kinder spätestens mit 6 Monaten auf den Topf, 64% spätestens mit neun Monaten, und über 90% der Eltern versuchten spätestens mit dem einjährigen Kind eine Sauberkeits-Erziehung.

In den 1960er und 1970er Jahren hatte sich das elterliche Verhalten tiefgreifend verändert: Der Beginn der Sauberkeits-Erziehung wurde im Mittel um mehr als 14 Monate hinausgeschoben. Ausschlaggebend für diesen Erziehungswandel waren die stärker kindorientierte Erziehungshaltung und wesentliche Erleichterungen bei der Bewältigung des Windelberges.

Die Sensation: Der über ein Jahr nach hinten verschobene Erziehungsstart war mit keiner zeitlich verzögerten Blasen- und Darmkontrolle verbunden. Der Riesenaufwand, den die Großelterngeneration in Sachen Sauberkeits-Erziehung betrieben hatte, war im Grunde genommen völlig nutzlos gewesen.

Die Sauberkeits-Erziehung spielt anfangs, in den ersten beiden Lebensjahren, eine höchst unbedeutende Rolle – vorausgesetzt, sie läuft liebevoll und geduldig ab. Unter diesen Bedingungen nützt sie zwar nichts, schadet aber auch nicht.

Mit großer Sicherheit kann sie jedoch eine langfristig ausgesprochen negative Rolle spielen, wenn sie bereits in den ersten beiden Lebensjahren bestrafend und überfordernd war.

unter den Kindern, die wegen massiver Einnässprobleme dem Kinderarzt vorgestellt werden, überdurchschnittlich viele sind, mit denen besonders früh eine Sauberkeits-Erziehung versucht wurde.

- Viele Wissenschaftler vermuten heute, dass ein extrem früher Start der Sauberkeits-Erziehung mit überfordernden und bestrafenden Maßnahmen **ein** gewichtiger Grund für späteres Einnässen ist. Der frühe Start ist zwar unangebracht, aber als solcher allein sicher noch kein Grund für späteres Einnässen. Er kann jedoch ein Zeichen für einen besonderen Erziehungsstil sein. Das ungeduldige, oft fordernde Eingreifen in das kindliche Entwicklungsgeschehen ist zumeist mit unglücklichen Methoden verbunden. Eltern und Kind müssen sich in diesem Anforderungsgeflecht dauernd gegenseitig enttäuschen, was ihre Beziehung belastet.

Denn: Noch so gut gemeinte und sorgfältig ausgeführte Erziehungsmaßnahmen haben keinen Einfluss auf die Geschwindigkeit beim Erreichen der Blasen-Kontrolle. Sie wissen warum: Weil es sich um einen Reifungsvorgang handelt.

Sauberkeits-Erziehung bringt nur dann etwas, wenn das Kind seine Blase bereits kontrollieren kann.

Die Kinderärzte haben festgestellt:

In den letzten 20 bis 30 Jahren hat sich die elterliche Sauberkeits-Erziehung entschärft. Zum Glück tut sich hier etwas. An folgenden Punkten merken Sie das vor allem:

- Immer weniger Eltern erwarten eine perfekte Blasen-Kontrolle bereits zwischen dem 1. und 2. Lebensjahr
- Immer mehr Eltern haben dieses Erziehungsziel um mindestens zwölf Monate verschoben
- Auch die Erziehungsmethoden haben sich geändert: Stundenlange „Topfsitzungen", womöglich noch angebunden, und abendliche Trinkverbote für Kleinstkinder kommen viel seltener vor als früher
- Viele Eltern sprechen heute vom „Anbieten" eines Töpfchens oder vom „Erinnern" an einen Toilettengang statt von strengen Toiletten-Schick-Gewohnheiten, allein an der Uhr orientiert
- Eine strenge Schulung mit eher theoretischen Instruktionen wurde als weitgehend unwirksam erkannt
- Dem **Lernen durch Nachahmung** messen immer mehr Eltern Bedeutung bei. Sie plädieren für ein ungezwungenes Miterleben der alltäglichen elterlichen Toiletten-Selbstverständlichkeiten

Diese Ergebnisse bedeuten eine Revolution. Es gibt viele Eltern, die ohne Sauberkeits-Erziehung stetige Fortschritte bei ihren Kindern sehen. Ein paar Anregungen, bei eindeutig drückender Blase doch die Toilette aufzusuchen, reichen. Ansonsten beobachten die Kinder die elterlichen Toiletten-Gewohnheiten – und schon sind sie perfekt trocken. Wenn Sie zu diesen Eltern gehören, fühlen Sie sich jetzt sicher bestätigt und lehnen sich zufrieden zurück.

Oder gehören Sie zu den Eltern, die fürchten, dass ihre Kinder einfach zu lange für den Schritt zur Blasen-Kontrolle brauchen? Dass sie womöglich etwas versäumen, was nicht mehr aufzuholen ist, wenn sie nicht ganz schnell und konsequent erzieherisch eingreifen? Eine durchaus verständliche Reaktion, auf die wir in Kapitel 4 und 5 ausführlich zu sprechen kommen werden.

Das neue Wissen um das Sauberwerden ist erfreulicherweise nicht nur in wissenschaftlichen Veröffentlichungen zu finden, sondern auch bereits in den Köpfen vieler Eltern, die diese Erkenntnisse in die Tat umsetzen und sich entsprechend verhalten.

„Was erleichtert den Eltern von heute den Wechsel zu den neuen Vorstel-

lungen über Sauberkeits-Erziehung?". Das habe ich viele Eltern mit Kleinkindern gefragt, und man hat mir fünf wesentliche Punkte genannt.

Punkt 1:
Die alte Sauberkeits-Erziehung passt nicht mehr zum heutigen Umgang mit einem Kleinkind. Viele Eltern lehnen eine „gewaltsame" Erziehung ab und somit auch Zwangsmaßnahmen, bei deren Durchführung sich das Kind fremdbestimmt vorkäme. Das Individuum wird mehr gesehen, seine Eigenständigkeit betont, seine eigenen Entwicklungstendenzen gefördert. Das Vertrauen in kindliche Entwicklungsfähigkeit ist groß. Bei jedem Schritt, den das Kind von sich aus nach vorn tut, fühlen sich die Eltern bestätigt.
Ist das erste Kind auf diesem Wege trocken geworden, so hat das die höchste und nachhaltigste Überzeugungskraft.

- *„Warum sollte ich beim zweiten und dritten Kind irgendwas anders machen, wenn es beim ersten so toll geklappt hat? Ganz ohne Horror auf beiden Seiten, ohne kaputte Nerven bei uns und ohne Tränen bei* ***Melissa****. Zuerst hat natürlich die ganze Familie gesagt: ‚Das kann ja nicht klappen, ihr lasst das Mädchen bei einer zu schweren Aufgabe allein.' Als Melissa aber dann trocken war – übrigens schneller als manch ein Topfhocker – war die ‚Nicht-Erziehung' plötzlich schon immer die Idee der ganzen Familie gewesen. Und jetzt macht es der gesamte Freundeskreis nach, weil unsere zweite Tochter auch schon fast trocken ist."*

Punkt 2:
Der Rückgang aufwändiger Stoffwickelmethoden, die viel Zeit für Waschen, Trocknen und Zusammenlegen in Anspruch nehmen, wird sehr häufig als weitere wichtige Ursache für den Einstellungswandel genannt. Ohne Zweifel erleichtern die neuen Wasch- und Wickelmöglichkeiten den Eltern die Arbeit.

- *„Ich denke oft, wir haben es heute viel, viel besser. Meine Mutter hat mir oft erzählt, dass sie für uns drei Kinder im Pinkelalter die Windeln kaum trocken bekommen hat, besonders im Winter. Gar nicht so selten haben meine Eltern* *den Satz Windeln, der am nächsten Morgen nötig war, zum Trocknen mit ins Bett genommen. Da hat jeder Tag gezählt, an dem ein Kind früher trocken war."*

Punkt 3:
Viele Eltern, mit denen ich gesprochen habe, sehen noch einen anderen Grund für diesen Einstellungswandel: Die Prioritäten der Erziehungsziele haben sich verschoben. Weil Kleinkinder immer mehr und immer früher ins außerfamiliäre soziale Leben einbezogen werden, sind auch die sozialen Anforderungen an sie gestiegen. Säuglinge im Restaurant, Kleinkinder als gern gesehener Gast bei Abendeinladungen mit Einschlafrecht im Gastgeber-Bett oder sogar stundenweise am Arbeitsplatz von Mutter oder Vater sind keine Ausnahmefälle mehr. Eltern messen heute den Entwicklungen ihrer Kinder im Sozialbereich mehr Bedeutung bei als frühen Erfolgen bei der Blasen- und Darm-Kontrolle. Besondere Fähigkeiten im Sozialverhalten, wie Aufgeschlossenheit, Anpassungsfähigkeit, Ausgeglichenheit und Sich-allein-Beschäftigen-Können, werden eher beachtet und durch Belohnungen gefördert als gewisse Regelmäßigkeiten bei der Harn- und Kotabgabe.
Und in diesem Bereich zeigt eine Förderung auch wirklich schnell Erfolge. Auf der Basis einer sicheren Bindung an seine vertrauten Bezugspersonen kann das Kind den genussvollen Umgang mit anderen Menschen lernen. Im Beisein der engsten Vertrauten kann es abenteuerbereit mit anderen Menschen Kontakt aufnehmen und vielseitige Erfahrungen machen.
Auf diesem Weg ist das Erziehungsziel „Sauberkeit" nach hinten gerutscht – vom ersten auf den zweiten, wenn nicht sogar auf einen noch unwichtigeren Rang. Und das tut allen Beteiligten gut.
Für die Eltern steht das so schlecht beeinflussbare Phänomen nicht mehr so stark im Vordergrund. Das bedeutet weniger Anlass für persönliche Kränkung bei erzieherischem Misserfolg.
Für das Kind ist in dieser Entwicklungsphase mehr Ruhe eingekehrt. Das ist ein ganz wichtiges Ergebnis für eine ungestörte Ausreifung der neurologischen Voraussetzungen für eine bewusste Einflussnahme auf Harnverhalt und Harnabgabe.

- *„Was interessiert unseren Freundeskreis, ob **Babette** eine Windel an hat oder nicht? Wichtig ist, dass sie gern überall mit hingeht, sich dort auch wohlfühlt und schon was von der Gemeinsamkeit hat.“*

Punkt 4:
Die Flut von Veröffentlichungen in Familien- und Elternzeitschriften zum Thema Sauberkeits-Erziehung trägt dazu bei, mit mehr Geduld auf Reifungsfortschritte zu warten.

- *„Als ich die Sache gecheckt hatte, habe ich meinem Mann alle Artikel zum Thema ausgeschnitten und abends auf den Couchtisch gelegt. Die neurologischen Voraussetzungen und physiologischen Zusammenhänge des Entwicklungsgeschehens sind dort so verständlich erklärt, dass er auch bald dafür war, **Florian** in Ruhe zu lassen. Sogar seiner Mutter hat er alles erklärt. Aber die hat's nicht ganz gefressen.“*

Punkt 5, ein heikler Punkt:
Eine Orientierung an den Sauberkeitsdaten anderer Kinder aus dem Verwandten- oder Freundeskreis kann entspannend wirken, aber auch grandios schiefgehen. Sind Erfolge bekannt, die auch etwas auf sich warten ließen, verlässt einen selbst der Mut auch nicht so schnell. Sind gleichaltrige oder sogar etwas ältere Kinder auch noch nicht trocken, sehen Eltern die Sache auch recht entspannt. Ist das eigene Kind aber das einzige noch „nasse“ im Bekanntenkreis, fällt es recht schwer, an der Propagierung gelockerter Erziehungsvorstellungen festzuhalten.
Ich warne immer vor einer nicht zu unterschätzenden Wettbewerbs-Situation zwischen Müttern. Denn die Folgen bleiben leider nicht auf die beiden erwachsenen Kontrahentinnen beschränkt, sondern wirken sich schnell auch auf das Kind aus – weil Mama unter Druck steht und den Sauberkeits-Wettbewerb gewinnen will. Dieser Druck wird dann auf das Kind übertragen. Aber das Ergebnis ist – wie wir ja inzwischen wissen – gleich Null. Und das bringt Mutter und Kind dann noch mehr unter Druck.

- *„Als die Freundschaft mit meiner besten Freundin in die Brüche gegangen war, erfuhr ich ganz nebenbei, dass sie mich bereits über ein Jahr lang hinter's Licht geführt hatte. Sie hatte mir am vorletzten Muttertag erzählt, ihr schönstes Geschenk sei das trockene Bett ihres* ***Martins*** *gewesen. Unser* ***Tobias*** *ist ja fast gleich alt. Es hat mich schwer unter Druck gebracht, dass er sogar ein Jahr später immer noch nicht trocken war. Jetzt weiß ich, dass Martin bis heute auch nicht trocken ist. Drei- bis viermal die Woche ist das Bett noch nass, aber das hat meine liebe Freundin nie erzählt!"*

Nachdem wir jetzt schon auf den Freundeskreis und die Verwandtschaft zu sprechen gekommen sind, vielleicht doch noch einige Worte zu „guten Ratschlägen".

Kennen Sie diese Situation?

Gerade über die Fragen, wann ein Kind wie weit entwickelt sein sollte, was es sich angeeignet, was sich abgewöhnt haben sollte, fühlt sich fast jeder berufen mitzudiskutieren. Die Basis dafür bildet Gehörtes, Gelesenes oder selbst Beobachtetes – wenn nicht sogar allein die Tatsache, selbst einmal Kind gewesen und erzogen worden zu sein. *„Uns hat es auch nicht geschadet, dass wir … oder dass wir nicht …"* (Wer weiß?).

- *„Also, ich muss schon sagen, dass ich recht stolz darauf bin, dass alle meine vier Kinder, die Jungen wie die Mädchen, am 1. Geburtstag keine Windel mehr anhatten. Natürlich fiel mir der Erfolg nicht in den Schoß. Dafür musste ich schon etwas tun: Regelmäßig auf den Topf. Keine Ausnahmen, die die Zeiten durcheinander gebracht hätten. Konsequenz, immer dasselbe zu essen. Abends immer nur ein Glas zu trinken. Immer die gleichen Schlafenszeiten. Das waren die Wurzeln für diesen Erfolg. Dass meine Enkelkinder mit zwei Jahren noch nicht trocken sind, wundert mich am wenigsten."*
(Tagebuchauszug einer Großmutter)

Ich will keinen Familienkrach heraufbeschwören. Ich will nur erklären, warum es über diese Frage so oft zu Auseinandersetzungen in der Familie kommen kann. Dass die Vorstellungen über die Sauberkeits-Erziehung früher ganz andere waren, wissen Sie. Das verbesserte Verständnis der Sauberkeits-Entwicklung lässt uns heute weniger unnötigen Druck ausüben. Wir reagieren kindbezogener, was für jeden Entwicklungsbereich – nicht nur die Sauberkeit – angebracht ist.

Nach all diesen Erkenntnissen wartet eine Frage jedoch noch auf Antwort: Was ist an den vielen Wunderkindern dran, die nach Aussagen von Großeltern, Müttern und Schwiegermüttern dank konsequenter Sauberkeits-Erziehung schon mit einem Jahr trocken und sauber geworden sind? Sie müssen differenziert betrachtet werden und sind auch dann noch mit Vorsicht zu genießen – nicht die Kinder, aber die Aussagen.

- Auch unter den heutigen Kindern sind einige ganz wenige „Blasen-Entwicklungs-ICE's", die tatsächlich – mit oder ohne Sauberkeits-Erziehung – mit etwa einem Jahr ihre Blase kontrolliert entleeren können.
- Die Erinnerung verklärt die Zahl der Rückfälle bei solchen Erfolgen. Erzählt wird derartiges auch meist über die Kinder, die auch sonst nie Schwierigkeiten gemacht haben:
  *„Unser **Oskar** hat immer alles gegessen, nie nachts Theater gemacht, nie Sonnenbrand bekommen und – ich könnte mich nicht entsinnen – jemals gespuckt."*
  (Ich bin sicher, Oskar hatte selbst bei Windpocken keinen Ausschlag).
- Zwischen „trocken" und „perfekter Blasen-Kontrolle" können Welten liegen. Sie wissen, dass zu einer perfekten Blasen-Kontrolle mehr gehört, als einfach nur trocken zu sein. Ein Kind kann von außen betrachtet „trocken" wirken, wenn es am Tag etwa jede Stunde auf den Topf gesetzt wird und dort bleibt, bis sich ein Erfolg eingestellt hat. Und wenn es nachts, wenn die Harnproduktion sowieso durch Hormo-

ne abgesenkt ist, auch noch mehrmals geweckt und getopft wird. Dann wird kaum „Substanz“ vorhanden und „Lücke“ im Zeitplan sein, um noch etwas Harn für die Hose oder das Bett übrig zu haben. Dieser Dressur-Akt hat aber mit perfekter Blasen-Kontrolle nichts zu tun. Sein „Erfolg“ ist eher Zeichen einer strengen Erziehungshaltung der Eltern als einer frühen Entwicklungsleistung des Kindes. Bei Ausfall der Eltern versagt die kindliche Kontrolle über die Blase schlagartig und wird wieder altersgemäß.

Sauber bleiben statt sauber werden

Es ist zum Leitsatz geworden: Eine Sauberkeits-Erziehung macht erst dann Sinn, wenn die für die Blasen- und Darmkontrolle nötigen nervösen Schaltungen ausgereift sind.

Nun kommt ein neues Elternkonzept aus Amerika, „Sauberbleiben" genannt, das auf den ersten Blick unsere neu gewonnenen Erkenntnisse wieder in Frage zu stellen scheint.

Die Eltern, die dieses neue Vorgehen propagieren, wollen von Anfang an auf Windeln ganz verzichten. Weil das praktischer, billiger und umweltfreundlicher ist, vor allem aber in ihren Augen den Kontakt zwischen Mutter und Kind intensiviert. Weil die Babys immer in der Nähe der Mutter sind, nackt oder fast nackt, gilt es auf ihre Zeichen zu achten, die sie vor einer Kot- oder Harnabgabe geben sollen, und dann das Kind schnell über ein Klo, ein Waschbecken oder eine kleine transportable Schüssel zu halten. Tags wie nachts. Als Vorbild gelten Mütter aus traditionalen Gesellschaften in Afrika oder Asien, die ihr Kind am Körper tragen und selten von ihm beschmutzt werden.

In den ersten Lebenswochen stößt ein Säugling einige Sekunden, bevor er Urin oder Stuhl ausscheidet, einen kurzen, charakteristischen Ton oder Schrei aus. Es kann auch eine Unruhe des Körpers sein oder ruckartige Bewegungen der Beinchen, die eine Ausscheidung ankündigen. Die Mütter lernen dieses Signal und reagieren darauf, indem sie das Kind oder zumindest seinen Unterleib kurz von ihrem eigenen Körper weg halten. Da beide, Mutter und Kind, nackt sind, spürt die Mutter auch Blasen- oder Darmkontraktionen ihres auf der Hüfte sitzenden Kindes und wertet diese als Ankündigung. Achtet niemand auf Babys Töne, verschwinden sie nach wenigen Wochen.

Das Sauberbleiben versuchen amerikanische Mütter und inzwischen auch einige deutsche in unsere modernen Lebensverhältnisse zu übertragen. Die ersten Wochen sind sehr strapaziös, denken Sie nur an die vielen Urinabgaben eines Säuglings, tags wie nachts, die alle möglichst nicht daneben gehen sollten. Oft sind die kindlichen Signale sehr schwach, so dass die Mutter wirklich hautnah im Kontakt bleiben muss, um sie mitzubekommen. Die amerika-

nischen Spezialistinnen verschweigen die Rund-um-die-Uhr-Mühen nicht, auch nicht die Tatsache, welcher Vorbereitungen es bedarf, mal mit dem Kind das Haus zu verlassen, im Supermarkt einzukaufen oder eine Strecke Auto zu fahren. Auch widersetzt sich ein schlafendes oder spielendes Kind vehement dem mütterlichen Zugriff und Abtransport über das Waschbecken. Manche schlafen nach dem Abhalten erst nach einer Schreiphase wieder ein oder beenden ihr eigenständiges Spiel und wollen statt dessen „bespielt" werden.
Etwa mit 24 Monaten – so geben die amerikanischen Mütter an – sind die so behandelten Kinder ohne Hilfe trocken. Unsere Windel-Kinder sind es im Durchschnitt tagsüber mit 28 Monaten. Lohnt das Ergebnis, das keineswegs garantiert ist, da nur wenige Eltern-Kind-Paare durchhalten, diesen Aufwand? Auch haben Eltern-Kind-Beobachtungen gezeigt, dass gerade beim Windeln Wechseln geschmust, miteinander kommuniziert und gespielt wird – in einer Intensität, die zu anderen Zeiten nicht erreicht wird.
Fachleute gehen weiter davon aus, dass eine Sauberkeits-Erziehung erst dann Sinn macht, wenn die für die Blasen- und Darmkontrolle nötigen nervösen Schaltungen ausgereift sind.
Ich habe es nicht vergessen: Hier sind die Antworten auf Ihre fünf „Quizfragen" am Anfang dieses Kapitels. Übrigens werden Sie viele dieser Maßnahmen beim Thema *„Familiäre Behandlung einnässender Kinder"* wiedertreffen und dort nochmal ausführlich etwas über ihre Wirkung erfahren. (Kapitel 7).

Antwort 1:
Regelmäßiges Auf-den-Topf- oder Auf-die-Toilette-Setzen, bis etwas kommt?
Ungünstige Maßnahme, weil ein Kind sich allein nach seinem Harndrang richten sollte, sobald es ihn spürt. Anfangs kann ein Kind nur bei voller Blase Harn lassen. Es ist ein gewaltiges Stück Weiterentwicklung, auch bei einer nur leicht gefüllten Blase Pipi machen zu können. Nach der Uhr orientierte Toilettengänge können jeweils noch „zu früh" oder bereits „zu spät" sein.

**Antworten 2 und 3:
Nächtliches Wecken mit Aufs-Töpfchen-Setzen
und die Kontrolle der Trinkmenge am Abend?**

Beide Maßnahmen haben sich aus den gleichen Gründen als ungeeignet erwiesen. Sowohl das nächtliche Wecken als auch eine reduzierte Trinkmenge sollen ja bewirken, dass die Blase nachts nicht so voll ist. Doch der letzte Reifungsschritt vor der perfekten Blasen-Kontrolle bewirkt, dass ein Kind nachts durchschlafen kann, bei einer zu vollen Blase jedoch aufwacht, zum Topf oder Klo geht, Harn lässt und dann wieder einschläft. Dieser Kombinationserfolg wird durch Eingriffe in den Schlaf-Wach-Rhythmus beim Wecken und durch die vorenthaltene Erfahrung einer normalerweise wechselnden Blasenfüllung – mal viel, mal wenig, mal ganz viel – gestört. Und denken Sie an die höchst unangenehme Vorstellung, abends noch durstig zu sein und nichts mehr trinken zu dürfen.

**Antworten 4 und 5:
Bestrafung für nasse Hose, für nasses Bett?
Belohnung für trockene Hose, für trockenes Bett?**

Beide Maßnahmen sind bei der Sauberkeits-Erziehung fehl am Platz. Warum? Der Zweck einer Bestrafung oder einer Belohnung liegt darin, dass man sein künftiges Verhalten danach ausrichtet. Etwas, wofür man bestraft worden ist, sollte man unterlassen – während man das, was belohnt wurde, beibehalten und wiederholen sollte. Aber ein Kind kann weder das eine noch das andere tun, bevor seine Reifungsvorgänge im Körper abgeschlossen sind. Zum Beispiel kann es das, wofür es belohnt wurde – nämlich zufällig ins Töpfchen gepinkelt zu haben – nicht Stunden später oder in den nächsten Tagen bewusst wiederholen. Denn das Verhalten steht noch nicht unter seiner Kontrolle, unterliegt noch nicht seinem Willen. Selbst wenn das Kind es wollte, kann es Falsches noch nicht lassen und Richtiges noch nicht gezielt tun.

Kapitel 3: Das Wichtigste in Kürze

- Sauberkeits-Erziehung bringt nur dann etwas, wenn das Kind seine Blase bereits kontrollieren kann.
- Erst, wenn die für die Blasen-Kontrolle nötigen Voraussetzungen gereift sind:
  - Harndrang empfinden
  - merken, wie die Blase sich langsam füllt
  - eine Harnabgabe hinauszögern
  - sogar bei geringer Blasenfüllung Harn lassen,

  erst dann können die Feinheiten der Blasen-Beherrschung dazugelernt werden.
- Erst jetzt – und vorher nicht – sollte eine Sauberkeits-Erziehung starten, damit sie erfolgreich ist und nicht schadet.
- Jetzt lernt Ihr Kind,
  - wann man zur Toilette geht,
  - was „rechtzeitig“ heißt,
  - wo und wie man das Örtchen findet – und was man dort machen muss.

4

Was tun, wenn etwas ganz Normales plötzlich zum Problem wird?

In diesem Kapitel erfahren Sie, ...

- wie kurz der Weg vom „süßen Strullerle“ zum „hoffnungslosen Versager“ sein kann
- warum Einnässen als so schlimm empfunden wird
- wie sehr Kind *und* Mutter vom Einnässen betroffen sind
- was wir aus Einnäss-Karrieren lernen
- was der Unterschied zwischen Enuresis und Inkontinenz ist

Warum sage ich Ihnen das?

Obwohl ich bei Elterngesprächen immer noch feststelle, dass mitunter viel zu frühe und äußerst strenge Reinlichkeits-Dressuren ablaufen, hat sich doch in den letzten Jahren die Einstellung zur Sauberkeits-Erziehung quer durch die Bevölkerung verändert. Die Eltern sehen diesem Entwicklungsschritt gelassener entgegen, vertrauen weitgehend auf den Lauf der Biologie und lassen ihren Kindern mehr Zeit.
Aber irgendwann reißt auch diesen Eltern der Geduldsfaden – und zwar meist so um den 3. Geburtstag herum. Das Kind ist schon drei Jahre alt, aber immer noch nicht trocken.
Genau hier scheint eine Grenze besonderer Art zu liegen. Zu diesem Zeitpunkt beobachte ich immer wieder, dass bei den Müttern Besorgnis aufkommt. Sie haben den Verdacht, die Blasen-Kontrolle lasse zu lange auf sich warten – schlimmer noch: Sie fürchten kindliches Einnässen mit seinen Konsequenzen für das Familienleben. Und was passiert? Die Mütter reagieren mit Angst, Unsicherheit macht sich breit – und ganz schnell versuchen sie dann, mit Druck all das nachzuholen, was sie glauben versäumt zu haben.
Vor diesen Panikreaktionen möchte ich Sie – und vor allem Ihr Kind – bewahren. Stress verträgt dieser Entwicklungs-Abschnitt nämlich ganz schlecht. Sie sehen schon: Jetzt stehen die Mütter schon fast genauso stark im Rampenlicht wie ihre Kinder.

Kennen Sie diese Situation?

- In den ersten Lebensmonaten erwartet niemand, dass ein Säugling seine Blase oder seinen Darm kontrollieren kann. Alles geht in die Windel, tags wie nachts. Und das ist auch richtig so, niemand nimmt Anstoß daran. Das Wickeln mehrmals am Tag und in der Nacht gehört ganz selbstverständlich zur Versorgung eines Babys. Diese Pflegezeiten werden sogar von allen genossen – vom Kind, von den Geschwistern und auch von den Eltern.
  Denn mit einem nackten Baby lässt es sich besonders angenehm schmusen. Auf dem Wickeltisch wird liebevoll geplaudert, gestreichelt und gespielt. Babymassage, einölen, auf den Bauch pusten – all das gehört dazu. Und wenn das Baby, endlich von der Windel befreit, glücklich jauchzt und begeistert strampelt, gerade dann kann es passieren, dass es in hohem (bei Jungen) oder flacherem Bogen (bei Mädchen) über die Wickelkommode auf Papas Hemd oder Mamas Pulli pinkelt. Nach einem kurzen Schreckmoment müssen alle lachen und kitzeln den vor Freude quietschenden „Missetäter" zärtlich am Bauch oder am Po. Wie bereits gesagt: Das unkontrollierte Nässen am falschen Ort zur falschen Zeit ist anfangs für niemanden ein Problem.

Wie das Einnässen oft zum Problem gemacht wird

Erinnern Sie sich noch, wie das war, als Ihr Sohn oder Ihre Tochter noch ein kleines Baby war? Alle Familien erleben in dieser Zeit Vergleichbares. Ich möchte es Ihnen kurz skizzieren, damit Sie besser zurückdenken können.

Kaum ist ein Kind geboren, beginnt die interessierte Anteilnahme der Verwandten, Freunde, Bekannten und Nachbarn an seiner weiteren Entwicklung. Man interessiert sich übrigens auch für die Weiterentwicklung von Vater und Mutter – genauer ausgedrückt: Man ist gespannt, ob und wie diese zwei ihre neue Aufgabe als Eltern bewältigen werden.

Von den Entwicklungs-Fortschritten ihres Kindes sind alle Eltern begeistert. Und sie nehmen es ihren Mitmenschen nur zu gern ab, sich nach dem Nachwuchs zu erkundigen. Stolz, wie sie sind, halten sie alle Menschen in ihrer Umgebung von sich aus täglich detailliert auf dem aktuellen Stand der Entwicklung. Und solange alles gut verläuft, werden die Nachfragen aus der „sozialen Umgebung" auch gern entgegengenommen und nicht ohne Stolz beantwortet. Eltern verstehen das öffentliche Interesse an Durchschlaf-, Ess- und Bewegungserfolgen und geben bereitwillig Auskunft – solange sich die „Leistungen" des Kindes im „Rahmen des Normalen" bewegen – oder vielleicht sogar überdurchschnittlich gut sind.

Aber es ist immer wieder dasselbe: Genau die lieben Mitmenschen, die mit den Eltern zusammen die „Erfolge" feiern, sind auch die ersten, die drohende „Misserfolge" sehen und warnend den Zeigefinger heben. Wenn es nicht schon über die Themen „Stilldauer", „Zufüttern", „Schlafgewohnheiten", „Herumtragen" oder „Ablegen" zu kontroversen Diskussionen in der erweiterten Familie gekommen ist, so wird es doch spätestens das Thema „Sauberkeits-Erziehung" sein, an dem sich die Geister dann endgültig scheiden werden (siehe Kapitel 3 und 7).

Beim Füttern zum Beispiel kann man am satten Wohlbefinden des Kindes und am Zahlenstand der Waage direkt ablesen, ob man den richtigen Weg gegangen ist. Ein Zu-Bett-geh-Ritual erweist sich auch recht schnell als richtig, so-

bald sich eine angenehme Nachtruhe einstellt und morgens ein wohlig ausgeschlafenes Baby mit freudiger Aktivität den Tag beginnt.
Aber alle vorbereitenden Schritte zur Blasen- und Darm-Kontrolle beginnen – oder beginnen eben nicht – zu einem Zeitpunkt, der oft noch Monate, wenn nicht sogar Jahre vom bestätigenden Erfolg entfernt ist. Erst viel später wird es sich zeigen, ob man richtig gehandelt hat.
Und gerade bei der Sauberkeits-Erziehung möchten Eltern doch alles richtig machen – und gerade hier sind sie so leicht zu verunsichern: Sie möchten nichts versäumen, damit sie sich später keine Vorwürfe machen müssen. Aber sie wollen auch nichts erzwingen, weil eine Sauberkeits-Dressur unter Tränen mehr schadet als nützt, wie man überall lesen kann.

- *„Na ja, Dschingis-Khan hat auch zeitlebens mit den Fingern gegessen."*
- *„Spätestens, wenn er eine Freundin hat, wird er wohl im eigenen Bett schlafen."*

Mit solchen Sprüchen können sich Eltern trösten, deren Kinder vielleicht noch keine Tischmanieren haben oder nachts im Elternbett schlafen wollen. Aber was machen die Eltern, bei deren Kindern die Blasen-Kontrolle nicht klappt – obwohl der Zeitpunkt, den sie dafür innerlich festgelegt hatten, längst überschritten ist?

- *„Alle Kinder schaffen das, nur unser **Lutz** nicht! Mein Gott, wenn er schon mit dem Einfachsten auf der Welt Schwierigkeiten hat, wie soll das nur weitergehen – in einer Welt, in der Leistung und Funktionieren ganz oben anstehen?"* (Mutter von Lutz, der gerade vier Jahre alt geworden ist).
- *„Wir fanden es irgendwie immer drollig, wie **Hans-Peter** mit dickem Windelpopo am Gartenzaun stand und sämtliche Automarken und -typen unterscheiden und die Namen gut aussprechen konnte. Solche Unterschiede in einem Körper. Doch plötzlich begriffen wir, dass er zwar auch noch im Kindergartenalter ein reizendes Kind ist, aber bei allem, was die Blase betrifft, ein hoffnungsloser Versager"* (Vater des knapp fünfjährigen Hans-Peter).

- *„Als bei **Janina** das Einnässen anfing, bekam ich schlaflose Nächte, weil ich dachte: ‚Das ist jetzt das erste, was schiefgeht. Es wird mehr kommen. Das nasse Bett und die nasse Hose sind das erste Zeichen für Janinas Unzulänglichkeiten im ganzen Leben. Vielleicht kann ich ja auch nicht gut erziehen' "* (Mutter von Janina, die fünf Jahre und zwei Monate alt ist).

Ihnen wird auffallen, dass es sich hier um ganz starke Elternreaktionen handelt. Von außen betrachtet erscheinen sie völlig unangemessen, viel zu dramatisch. Denn was ist die Sachlage? Die drei Kinder können ihre Blase noch nicht kontrollieren. Sie machen das, was sie bereits jahrelang gemacht haben. Lutz ist mit seinen vier Jahren in einem Alter, in dem der Fachmann oder die Fachfrau überhaupt noch nicht von Einnässen sprechen würde. Bei Hans-Peter und Janina würde ich eigentlich auch erst langsam anfangen zu überlegen, wie ich beiden den Weg zur Blasen-Kontrolle erleichtern könnte.
Doch spüre ich die Ängste der Eltern und befürchte einen massiven Druck – bewusst oder unbewusst – auf die Kinder. Aus diesen Gründen würde ich auch schon in diesem Alter eine Beratung anbieten. Aber nicht zur Behandlung des Einnässens, sondern zur Beruhigung der Eltern, zur Entlastung des Kindes und zur Schonung der Blasenfunktion, die – wenn mehr geduldiges Verständnis vorhanden ist – in Ruhe ausreifen kann.
Kindliches Einnässen am Tag oder in der Nacht – in einem Alter, in dem *„alle anderen Kinder ja längst trocken sind"* – scheint ein Problem zu sein.
Aber für wen – für das Kind oder für die Eltern? Ist das Einnässen anfangs überhaupt ein Problem für das Kind, oder wird es erst zum Problem, wenn es von den Eltern als problematisch empfunden und nicht mehr akzeptiert wird?

Der Sauberkeits-Erziehung gegenüber fehlt uns eine lockere Einstellung. Eine gelungene Sauberkeit wird überraschend hoch eingeschätzt. Woran könnte das liegen?

Seine Ausscheidungsorgane beherrschen zu können, gehört in unserer Vorstellung zu den fundamentalen Aufgaben des Menschen. Sogar einem Hund oder einer Katze kann man beibringen, die Wohnung sauber zu halten und, bei entsprechendem Bedürfnis, dafür vorgesehene Plätze aufzusuchen. Nur einem ganz jungen, einem ganz alten oder einem schwer kranken Menschen gestehen wir zu, diese Aufgabe nicht zu bewältigen.

Wir haben zu unseren Ausscheidungs- und Geschlechtsorganen ein eher gespanntes Verhältnis. Wir erwarten, dass sie ihre „heiklen" Funktionen möglichst problemlos erfüllen – ohne dass wir viele Worte darüber verlieren müssen.

Der wesentlichste Punkt scheint mir aber – nach vielen Gesprächen – ein anderer zu sein:

- *„Ich hatte so gehofft, dass ich der ganzen Familie beweisen kann, dass **Verena**, wenn sie in den Kindergarten kommt, rundum trocken ist – und das, obwohl ich berufstätig bin. Mit jeder nassen Nacht enttäuscht sie mich und stellt mich vor der Familie bloß. Die hat jetzt nämlich ihren Beweis, dass das Kind wegen der Karrieresucht der Mutter zu kurz kommt."*

- *„Sie glauben nicht, was das für ein Schlag für mich war, als ich begriff, dass **Svenja** nicht – wie ihr Vetter und ihre Cousinen – problemlos in einer akzeptablen Zeit trocken wird. Und das passiert mir, die nicht arbeitet und den ganzen Tag Zeit hat, das eine Kind zu erziehen! Ich muss mir Sätze anhören wie: ‚Wahrscheinlich bist du zuviel um das Kind herum und lässt es nicht groß werden!' "*

Die Stärken- und Schwächen-Liste

Wie Mütter sich auch verhalten – egal ob sie zu Hause tätig sind oder außer Haus erwerbstätig: Sobald Einnässen droht, weiß jeder sofort, dass *sie* es waren, die etwas falsch gemacht haben. Auf die jeweilige Situation abgestimmte Begründungen sind schnell gefunden. Eine gelungene Sauberkeits-Erziehung scheint der öffentliche Beweis für den ersten erfolgreich verlaufenen Erziehungsschritt zu sein.

Probleme bei der Sauberkeits-Erziehung werden dementsprechend als Zeichen einer weniger erfolgreichen Erziehungs-Leistung eingeschätzt – wenn nicht sogar als offenkundiger Beleg für pädagogisches Versagen. Das kränkt – vor allem natürlich die Mütter. Denn in unserer Gesellschaft leisten die Frauen die meiste Erziehungsarbeit.

Und deshalb wende ich mich jetzt ganz besonders an die Mütter:

Falls Sie meinen, dass Ihre Tochter oder Ihr Sohn bei der Blasen-Kontrolle hoffnungslos versagen, weil sie sie eigentlich schon längst beherrschen müssten, falls Sie drauf und dran sind, langsam daran zu verzweifeln – dann habe ich jetzt eine ganz einfache und sehr hilfreiche Hausaufgabe für Sie.

Machen Sie sich eine Tasse Kaffee oder Tee, nehmen Sie einen Stift, ein Blatt Papier und einen ruhigen Platz. Und denken Sie über Ihr „Sorgenkind" nach. Nach etwas Einstimmung tragen Sie in eine zweispaltige Liste ein, was Ihr Kind besonders gut kann – und was es schlecht oder gar nicht kann. So könnte Ihre Liste zum Beispiel aussehen:

Das kann .... besonders gut

- Konzentriert spielen
- Uns zum Lachen bringen (heute beim Mittagessen erst wieder)
- Sich in andere hineinversetzen (echt toll!)
- Sich für etwas begeistern
- Mithelfen, wenn's nötig ist
- Geschichten erzählen
- Mit Freunden gut zurechtkommen
- Sich freuen
- Schwimmen (gerade gelernt)
- Die Hände geschickt benutzen

Das kann .... gar nicht

- Langeweile aushalten
- Die Fernsehdauer selbst regulieren
- Enttäuschungen wegstecken (nie!)
- Mit Schmerz umgehen
- Die Blase kontrollieren (das Problem!)
- Singen (fürchterlich, so schlimm wie beim Vater)
- Merken, wenn er nervt
- Das Zimmer in Ordnung halten
- Auch bei Streß funktionieren
- Auf Süßigkeiten verzichten
- Bei einem Problem von sich aus am Ball bleiben
- Mit Wut umgehen (wird besser)
- Sich richtig anziehen

Das waren Anregungen für Ihre eigene Liste. Füllen Sie jetzt Ihre persönliche Liste aus. Mit den Stärken und den Schwächen Ihres eigenen Kindes. Und wenn Sie damit fertig sind, dann fragen Sie sich einfach mal: *„Ist mir die Liste schwergefallen?“ · „Hat es etwas länger gedauert, bis mir die positiven Dinge eingefallen sind?“ · „Stand das Einnässen sehr im Vordergrund?“*

Wenn Sie sich Ihre Liste nochmal in Ruhe durchlesen (sicher fällt Ihnen in den nächsten Stunden oder Tagen für jede Spalte noch der eine oder andere Punkt ein), dann müssten Sie eigentlich feststellen, …

- dass Ihr Kind bereits ziemlich viele gute, wichtige Dinge kann
- dass es Fähigkeiten hat, weshalb Sie Ihr Kind besonders mögen
- dass das Fähigkeiten sind, die ganz schnell einiges wieder gut machen, die Mut machen und nach vorn blicken lassen

Sie sehen natürlich auch – und das ist genauso wichtig, …
- dass es an Ihrem Kind Besonderheiten gibt, mit denen Sie nicht so gut zurecht kommen, über die Sie sich immer ärgern, die Sie liebend gern verschwinden lassen würden (Ist da zufällig das Einnässen dabei?)
- dass es einige Punkte gibt, bei denen Sie noch nicht zufrieden sind, an denen Sie als Mutter noch gezielt (und das Leben ganz automatisch) arbeiten werden, damit sich Verbesserungen und Erfolge einstellen
- dass Punkte dabei sind, die Ihr Kind sicher viel länger und intensiver beschäftigen und begleiten werden als das Einnässen

Diese Liste soll Sie wieder auf den Boden bringen – raus aus der alles vereinnahmenden Einnässwelt! Denn es gibt schlimmere Dinge im Leben als eine nasse Hose oder ein nasses Bett. Ohne Zweifel: Ein Kind, das noch nicht trocken ist, macht Arbeit – Arbeit, die Sie als lästig, störend, unnötig, absolut überflüssig empfinden. Und obendrein ist Ihr Kind noch in seinen Aktivitäten und Möglichkeiten eingeschränkt. Aber:

Das Einnässen ist nichts Schlimmes, keine Krankheit und kein Makel.

Eigentlich wird es erst durch seine gesellschaftliche Einschätzung zum Problem. Und die ist abhängig vom jeweiligen Zeitgeist. Als in den 1950er und 1960er Jahren die Gesellschaft beschloss, dass gut erzogene Kinder mit einem Jahr tagsüber und spätestens mit zwei Jahren auch nachts trocken zu sein hatten, gab es – statistisch gesehen – plötzlich viel mehr einnässende Kinder in der Bevölkerung, weil alle noch nassen Drei- und Vierjährigen dazugerechnet wurden, die heute dank besserem Wissen nicht mehr zu den Einnässern gezählt werden.
Das Einnässen wird erst durch die soziale Kontrolle, unter der wir alle leben, zum Problem, weil es ab einem bestimmten Alter nicht mehr in unser Bild vom gut entwickelten, unauffälligen Kind passt.

Was wir aus Einnäss-Karrieren lernen

Kinder mit Einnäss-Karrieren sind Kinder, ...

- die nach ihrem 5. Geburtstag, dem definierten Zeitpunkt für eine perfekte Blasen-Kontrolle, ihre Blase noch nicht kontrolliert entleeren können. Alle haben bereits mehrere Stationen der Diagnose und vielfältige Therapieversuche hinter sich gebracht, ohne trocken geworden zu sein. Sie leiden unter dieser Situation, ihre Blase wurde zum Familienthema und trägt zur Familienbelastung bei
- die bereits vor ihrem 5. Geburtstag wegen fehlender Blasen-Kontrolle als einnässende Kinder eingeschätzt und entsprechend „behandelt“ werden
- bei denen schon alles versucht wurde, sie tags oder nachts oder zu beiden Zeitpunkten trocken zu bekommen – im Endeffekt immer ohne Erfolg
- die schon aufgegeben haben, daran zu glauben, dass das Thema Einnässen für sie jemals abgehakt sein könnte
- die trotz negativer Erfahrungen beim Trockenwerden immer wieder einen Neustart wagen und zu oft wieder eine Enttäuschung über ihren Misserfolg erleben müssen

Auffallend viele dieser Kinder – weit mehr als zufallsgemäß zu erwarten – haben eine besondere Sauberkeits-Erziehungsgeschichte hinter sich. Der große Unterschied zu Kindern, die „rechtzeitig“ (zwischen dem 3. und dem 5. Geburtstag) trocken geworden sind, liegt nicht an einem früheren oder späteren Start der Sauberkeits-Erziehung, wie wir heute wissen. Ein eindeutiger Unterschied liegt darin, dass vor allem bei Kindern mit später langwierigem Einnässen im Alter von zwei bis drei Jahren die Sauberkeits-Erziehung spürbar verstärkt und weit strenger gehandhabt wurde. Dieser vermutete Zusammenhang

muss noch auf mögliche weitere Einfluss-Faktoren untersucht werden, doch verdient bereits diese Beobachtung unsere Beachtung.
Die von den Eltern – besonders um den dritten Geburtstag herum – empfundene Erfolglosigkeit beim Trockenwerden verleitet sie dazu, ihre Sauberkeits-Erziehungs-Maßnahmen zu verschärfen. Jetzt beginnt die Zeit der Reglementierungen und Strafen. Die können jedoch den individuellen Reifungsprozess nicht beschleunigen, stehen aber im Verdacht, das Kind und die Eltern-Kind-Beziehung massiv zu belasten.
Schon Anfang der 1970er Jahre beschrieben amerikanische Kinderärzte eine „sensible Phase" für den Erwerb der Blasen-Kontrolle im 3. Lebensjahr. In diesem besonders empfindlichen Zeitraum wirken sich Störungen schnell negativ aus. So können ungeeignete, für das Kind auch unverständliche Erziehungs-Maßnahmen die Entwicklung der Blasen-Kontrolle nachhaltig verzögern.

Drei Jahre – ein für die Blase brisantes Alter

Mit drei Jahren kommen bei uns die meisten Kinder in den Kindergarten. Das ist ein Zeitpunkt, auf den die Eltern hinarbeiten, ihr Kind trocken zu bekommen. Der zunehmende Druck wird spürbar und ans Kind weitergegeben. So gerät der Kindergarten im Empfinden des Kindes bereits in ein schlechtes Licht. *„Wegen dem blöden Kindergarten muss ich immer auf dem Klo sitzen, ich will gar nicht mehr hin!"*
Immer noch kursieren Gerüchte, dass nur „trockene" Kinder in den Kindergarten aufgenommen werden. Das stimmt nicht.
Bis vor einigen Jahre gab es Kindergärten, die sich weigerten, Kinder mit Windeln aufzunehmen. Diese Ablehnung ist und war rechtlich nie haltbar. Doch welche Eltern wollten sich schon vor dem Kindergartenstart mit den Erzieherinnen über dieses Thema streiten?

Die Situation hat sich grundlegend verändert und dadurch auch erfreulich entschärft:

- Es gibt das Recht auf einen Kindergartenplatz mit drei Jahren, egal ob tagsüber trocken oder nass (die nächtliche Situation interessiert sowieso niemanden)
- Heute werben die Kindergärten wieder um Kinder, bisweilen sogar um Zweijährige
- Die Eltern treten dank besserem Wissen über die Sauberkeits-Entwicklung selbstbewusster auf, was aber meist gar nicht nötig ist, weil auch die Erzieherinnen zu kompetenten Ansprechpartnerinnen in Sachen kindgemäße Sauberkeits-Erziehung geworden sind
- Eine Windel im Kindergarten darf kein Problem mehr sein

Die Windel ist auch im Kindergarten-Alltag wirklich kein Problem mehr – vor allem seit es Wegwerfwindeln oder sogar Windelhöschen gibt, mit denen das Kind sogar schon allein umgehen kann. Zudem ist eine Windel meist nur für kurze Zeit nötig. Denn mit drei Jahren sind tatsächlich die meisten Kinder soweit, trocken zu werden. An den dann wichtig werdenden Lernschritten fehlt es auch nicht. Modelle zum Nachahmen, wie man es richtig macht, gibt es genug. Bei der Eingliederung in die Gruppe schauen die Kleinen den Großen vieles ab, auch wann und wie man zur Toilette geht.
Die Erfahrung zeigt, dass die meisten Kinder innerhalb von zwei Monaten im Kindergarten trocken werden – immer vorausgesetzt, ihre Blasen-Kontrolle ist bereits ausgereift.
In den Waschräumen der Kindergärten herrscht eine positive Atmosphäre, die Kinder begleiten und unterhalten sich. Neugierde und miteinander Spaß haben stehen im Vordergrund. Ein Toilettengang ist ein „sozialer Akt", bei dem man viel lernt, aber auch Hilfsbereitschaft erlebt und bald selbst „den Kleinen" helfen kann.
Diese positive Lernatmosphäre braucht einen pädagogischen Schutzrahmen. So ist es ungünstig, die ganze Gruppe vor einer neuen Aktion „noch schnell aufs Klo" zu schicken. In diesem unüberschaubaren Trubel kommt Hektik auf, die einzelne Kinder ängstigen und selbständiges Handeln blockieren kann. Selbst die Großen verlieren hierbei ihre Toiletten-Souveränität.
Auch wichtig: im Alter von vier bis fünf Jahren nimmt die Scham gegenüber Erwachsenen und auch anderen Kindern deutlich zu, wenn beim Toilettengang noch Hilfe nötig ist. Die Kinder erleben ihr abhängiges Verhalten als nicht altersgemäß. Grund genug, das „Allein-auf-der-Toilette-zu-Recht-kommen" früh zu unterstützen und durch praktische Hilfe gezielt zu fördern.

Was tun, wenn keine Blasen-Kontrolle in Sicht ist?

Jetzt muss geklärt werden, weshalb ein Kind einnässt

Einnässen – was kann das überhaupt sein?

Von einer Störung der Urinausscheidung (Miktionsstörung) spricht man, wenn aufgrund des Alters eines Kindes davon ausgegangen werden kann, dass es die Urinabgabe kontrollieren und seine Blase angemessen entleeren kann. Man sagt, ein Kind nässt ein, wenn es nach seinem 5. Geburtstag mindestens zweimal im Monat zu einer unkontrollierten Harnabgabe am Tag oder nachts im Bett kommt. Denn fünf Jahre ist ein Alter, in dem der psychische und physiologische Reifungsgrad bei über neun von zehn Kindern eine kontrollierte Blasen-Entleerung möglich macht.

Einnässen kann verschiedene Ursachen haben und wird dann auch jeweils anders benannt.

- **Enuresis** wird das Einnässen ohne funktionelle oder organische Gründe genannt. Mit Enuresis beschreibt man jede normale, weitgehend vollständige Blasen-Entleerung, die jedoch am falschen Platz und zur falschen Zeit bei einem Kind stattfindet, das seinen 5. Geburtstag hinter sich hat. Das Kind hat keine Auffälligkeiten bei der Harnabgabe selbst (keine Miktions-Auffälligkeiten).
  Der weitaus größte Teil der einnässenden Kinder hat eine Enuresis (80 bis 85%). Um sie geht es in den nächsten Kapiteln des Buches.

- **Bei Harn-Inkontinenz** haben wir – klar abgegrenzt – keine normale Blasenentleerung vor uns. Sie bedingt einen ungewollten Harnabgang, der fast ausschließlich tagsüber erfolgt. Das Kind zeigt Auffälligkeiten bei der Harnabgabe (Miktions-Auffälligkeiten).
  Diese ungewollte Blasenentleerung wird durch körperliche Störungen (wie neurogene Blasen-Störungen, Struktur-Anomalien der Nieren oder ableitenden Harnwege oder als krankheitsbedingte Folge-Erscheinung, zum Beispiel bei Harnwegs-Infektionen, Missbildungen, Tumoren, Stoffwechsel-Störungen oder Anfallsleiden) oder Fehlfunktionen im Nieren-, Blasen- und Harnwegsbereich ausgelöst.

Zu der funktionellen Harn-Inkontinenz wird z.B. die Drang-Inkontinenz gezählt. Bei ihr kontrahiert sich die Blasenwandmuskulatur bereits, während sich die Blase füllt, was zum wiederholten Abgang kleiner Urinmengen führt, gegen die sich das Kind nur mit Haltemanövern zeitweilig wehren kann.
Unterdrückt ein Kind aus verschiedenen Gründen auch bei voller Blase einen Toilettengang, bis es zu einem spontanen Harnabgang kommt, spricht der Kinderarzt von einer Harn-Inkontinenz bei Miktions-Aufschub.
Ist das komplizierte Wechselspiel zwischen Blasenwandmuskulatur und Blasen-Schließmuskel gestört, entspannt sich zum Beispiel der äußere Schließmuskel nicht während der Harnabgabe, kommt es immer wieder zu einer mehrfach unterbrochenen und unvollständigen Blasenentleerung, die für das Kind nicht mehr kontrollierbar ist. In diesem Fall spricht man von einer Detrusor-Sphinkter-Dyskoordination.
Mit inkontinenten Kindern beschäftigt sich dieses Buch nicht. Für sie stehen mehrere medizinische Ratgeber zur Verfügung.
Doch muss bei allen einnässenden Kindern nach dem 5. Geburtstag erst geklärt werden, ob es sich um eine Enuresis oder eine Inkontinenz-Form handelt.

Was geschieht beim Kinderarzt? Standard-Diagnostik für einnässende Kinder

Nicht jeder Kinderarzt hat die gleiche Vorgehensweise, organische Ursachen für das Einnässen zu erkennen oder auszuschließen. Doch haben sich die Kinderärzte auf ein einigermaßen einheitliches Vorgehen geeinigt. Wird ein Kind bereits seit Jahren in der selben Praxis betreut, sind viele Angaben bereits bekannt und müssen zur Kontrolle des Einnässens nicht mehr speziell erhoben werden.

- Zuerst wird eine **Krankengeschichte** (Anamnese) erhoben. An erster Stelle sind Informationen zur Sauberkeits-Entwicklung und zum Einnässen selbst nötig, zum Beispiel:
  - Tageszeit des Einnässens (Wann nässt das Kind ein?)
  - Miktionsfrequenz und Einnässfrequenz (Wie häufig gibt das Kind am Tag Harn ab, und wie häufig nässt es ein?)
  - Phasen perfekter Blasen-Kontrolle (War das Kind bereits einige Monate trocken?)
  - Mögliche Anlässe für Rückschläge (Sind Auslöser für erneutes Einnässen bekannt?)
  - Miktionsauffälligkeiten tagsüber (Zeigt das Kind Haltemanöver, Anzeichen heftigen Drangs, Pressen vor der Miktion oder einen stotternden, schwachen Strahl?)
  - Medizinische Komplikationen (Sind Krankheiten bekannt?)
  - Bisherige Therapieversuche (bisherige Behandlungen sowie familiäre Anti-Enuresis-Programme wie Wecken, Abheben, Flüssigkeitseinschränkung etc.?)
  - Einkoten (Ist die Darmkontrolle perfekt, das Absetzen des Stuhles angemessen?)

- Leidet das Kind unter dem Einnässen?
- Hat das Einnässen soziale Konsequenzen im Kindergarten, in der Schule, unter Gleichaltrigen?
- Liegen kritische Lebensereignisse vor? Wie bewältigt das Kind den Alltag?
- Verdacht auf psychische Störungen?
- Wie bewerten die Eltern das Einnässen? Welche Einstellung haben sie dem Kind gegenüber?
- Therapieerwartungen und Bereitschaft zur Therapiemitarbeit
- Liegen familiäre oder Eheprobleme vor?

- In vielen Kinderarztpraxen lässt man das Kind mit Hilfe der Eltern ein 24-Stunden-Miktionsprotokoll anlegen. Während eines gesamten Tages werden die Uhrzeit eines jeden Toilettengangs, die jeweils abgegebene Urinmenge, die Zahl der Einnässzwischenfälle, die Trinkmenge am Messtag und Besonderheiten beim Wasserlassen notiert.
- Es folgt eine pädiatrische Untersuchung. Ist man kein neuer Patient in einer Praxis, hat diese Untersuchung zumeist schon in den frühen Kindheitsjahren stattgefunden. Der Genitalbereich, die Wirbelsäule und die unteren Extremitäten werden untersucht, um Fehlbildungen und neurogene Störungen ausschließen zu können.
- Immer findet eine Urin-Untersuchung statt.
- Je nach Praxisausstattung und Einnäss-Situation kommt eine Ultraschall-Untersuchung zur Erfassung funktioneller Veränderungen, wie verdickte Blasenwand, Restharn und Erweiterung des Enddarms, die zu einer Kompression von Blase und Blasenhals führen kann, hinzu. Oder eine Uroflow-Untersuchung, bei der auf einem Spezialklo der ins Becken auftreffende Harnstrahl gemessen wird.

Die Standard-Diagnostik dient dem Ausschluss funktioneller und organischer Befunde, die eine Inkontinenz belegen würden. Nach diesen Untersuchungen sieht man klar, ob eine Inkontinenz-Form oder eine Enuresis vorliegt. Nur bei einem massiven Krankheitsverdacht stehen weitere Untersuchungen an.

Liegt eine Inkontinenz vor, dann wird von Kinderärzten, Kinderurologen oder Kinderpsychiatern – je nach Funktionsstörung – zum Beispiel mit unterschiedlichen Medikamenten, mittels Toiletten-Training oder mit sogenannten Biofeedback-Verfahren behandelt. Das sind medizinische Techniken, die körpereigene Aktivitäten wie zum Beispiel die Harnabgabe registrieren, verstärken und für den Patienten in visuelle (auf einem Monitor zu sehende) oder akustische (über Kopfhörer zu hörende) Signale umsetzen. So wird zum Beispiel eine Detrusor-Sphinkter-Dyskoordination mit ihrem fehlerhaften Zusammenspiel zwischen Blasenwandmuskulatur und Blasen-Schließmuskel sichtbar und kann durch eine bewusste Veränderung der Muskelarbeit immer mehr in die richtige Harnabgabekurve verändert werden. Das Kind lernt wieder, ohne Unterbrechungen und vollständig seine Blase zu entleeren.
Liegt eine Enuresis vor – also keine Fehlfunktion, Fehlbildung oder Erkrankung, die für das Einnässen verantwortlich ist – dann stehen blasenorientierte Behandlungsmaßnahmen nicht mehr im Vordergrund, wie Ihnen die nächsten Kapitel zeigen werden.

Kapitel 4: Das Wichtigste in Kürze

- Einnässen ist nichts Schlimmes, ohne organische Ursachen auch keine Krankheit – und vor allem kein Makel.
- Auch wenn das Einnässen ab einem bestimmten Alter nicht mehr in unser Bild vom gut entwickelten, unauffälligen Kind passt, lassen Sie Ihr Kind nicht Ihre Enttäuschung und Verunsicherung spüren.
- Nichts macht das Einnässen schneller zum Problem, als es als Problem zu sehen.
- Geben Sie nicht den Druck weiter, der auf Ihnen als Eltern lastet.
- Spätestens, wenn Ihr Kind mit fünf Jahren noch nicht sauber ist, lassen Sie den Kinderarzt abklären, ob eine Inkontinenz (selten) oder eine Enuresis vorliegt.

5

Enuresis – Es geht nicht um die Blase, sondern um das ganze Kind

In diesem Kapitel erfahren Sie, ...

- warum es wichtig ist, ganz anders über das Problem Einnässen zu denken
- wie Sie lernen können, bei einer Enuresis „Blase & Co“ weitgehend zu ignorieren
- was Selbstbewusstsein und Kompetenzgefühle mit der Blase zu tun haben
- warum gerade ein einnässendes Kind seinen Körper funktionstüchtig erleben sollte
- warum Scham und Intimität gerade für einnässende Kinder wichtig sind

Warum sage ich Ihnen das?

Wurde bei Ihrem Kind eine Enuresis festgestellt, sehe ich es als eine meiner wichtigsten Aufgaben an, Ihre Aufmerksamkeit vom Unterleib Ihres Kindes abzuziehen und sie stattdessen wieder auf das ganze Kind zu lenken. Denn:

- Ihr Kind kann mehr – als nur Einnässen
- Ihr Kind ist mehr – als nur undicht
- Ihr Kind ist spannender als die Frage: War die Nacht trocken oder nass?
- Ihr Kind braucht Ihre ganze Aufmerksamkeit und Zuwendung
- Diese sollten nicht allein „Blase & Co“ vorbehalten sein

Warum es nicht nur um „Blase & Co“ geht

Ihr Kind kann seine Blase nicht kontrollieren, doch die Blasen-Entleerung ist völlig normal. Dennoch gilt Ihr Interesse den Nieren, der Blase, den ableitenden Harnwegen und auch den Nervenleitungen und der Muskulatur, die diese Organe versorgen. Hier vermuten Sie noch immer die Ursache des ganzen Übels. Hier suchen Sie nach Ansatzpunkten für eine Veränderung. Denn der Urin, der bei einnässenden Kindern zum falschen Zeitpunkt ungebremst aus der Harnröhrenöffnung austritt, wird in den Nieren gebildet, strömt von dort über ein Röhrensystem in die Blase, wird hier gespeichert und dann abgegeben.

Die Kommandozentrale für die Gesamtkoordination des Geschehens liegt im Gehirn. Die Blase füllt sich bis zu einem gewissen Grad und entleert sich dann, sobald das Gehirn „grünes Licht“ gibt und die Entleerung nicht mehr hemmt – was es während der gesamten Füllphase getan hat. Ausführende Organe sind die Muskeln – über Nervenleitungen mit der Zentrale verbunden.

Die Blase wird von Muskelschichten umgeben. Machen wir uns das alles einmal mit Hilfe eines uns besser bekannten Bildes deutlich: Stellen wir uns die Blase als Luftballon vor, der beim Aufblasen zwischen zwei Händen gehalten wird. Um den Luftballon ordentlich aufblasen zu können, müssen die Hände den anfangs kleinen Ballon ganz locker halten und sich dann beim Aufblasen immer weiter öffnen. Genauso locker sind die Muskeln in der Blasenwand, damit diese sich möglichst weit ausdehnen und möglichst viel Flüssigkeit aufnehmen kann. Während dieser Füllphase muss natürlich der Blasen-Schließmuskel dichthalten, damit kein Urin aus der Blase in die Harnröhre austritt. Beim Luftballon müssen wir ja auch darauf achten, dass das Gummischnäuzchen beim Aufblasen möglichst luftdicht abgeschlossen bleibt, damit die Luft nicht sofort wieder aus dem Ballon entweicht.
Aber irgendwann ist die Kapazitätsgrenze erreicht – beim Luftballon wie bei der Blase. Während unsere Hände erfahrungsgemäß „spüren", wann der Ballon kurz vor dem Knallen ist, so melden spezielle Sinnesorgane in der Blasenwand an entsprechende Zentren im Gehirn, wann ein bestimmtes Dehnungsmaß überschritten wird. Nach dieser Meldung gibt die Kommandozentrale – falls nichts dagegen spricht – die Entleerung frei. Oft muss sie noch etwas warten, bis die höchste Instanz – nämlich der Wille des Kindes – die Genehmigung erteilt und sagt: *„Start! Die Situation ist günstig, Zeit und Ort stimmen: Wasser marsch!"*
Auf dieses Kommando hin zieht sich die Blasenwand-Muskulatur zusammen und drückt so den Harn aus der Blase hinaus. Das klappt deshalb, weil gleichzeitig mit dem Entleerungs-Kommando ein Erschlaffungs-Kommando an den Schließmuskel ergangen ist und dieser nun den Weg nach außen freigibt. Der Harn tritt aus. So entleert sich auch unser Beispiel-Luftballon: Wir halten die Austrittsöffnung nicht mehr verschlossen und umschließen den Ballon mit kräftigem Druck beider Hände. Die Luft tritt aus – und der Ballon wird durch das Pressen kleiner und kleiner.

Wenn Ihr Kind eine normale Blasen-Entleerung am falschen Platz, zur falschen Zeit hat – woran kann das liegen? Wer funktioniert nicht oder noch nicht richtig?

Sie müssen immer daran denken: Wir haben es mit einer **Enuresis** zu tun, dem **Einnässen, dem keine organischen Fehlbildungen oder Fehlfunktionen zu Grunde liegen**. Ihr Kind ist gesund. Zum Glück!

Wenn die Blasenfunktion noch nicht klappt, kann es zum Beispiel daran liegen, ...

- dass die dazu nötigen Voraussetzungen noch nicht voll ausgereift sind
- dass die Abfolge verschiedener Schritte noch nicht immer einwandfrei steht
- dass irgendetwas das gesamte Geschehen noch durcheinander bringen kann

Enuresis – wie kann sie auftreten?

Kinder mit Enuresis
können recht unterschiedliche Einnässprobleme haben:

- Am häufigsten ist das **Einnässen in der Nacht**, umgangssprachlich Bettnässen oder mit Fachbegriff Enuresis nocturna genannt.
- Das **Einnässen am Tag**, die Enuresis diurna, ist viel seltener.
- Es gibt auch Kinder, die tags und nachts einnässen.
- Eine weitere Einteilung ist wichtig: Man spricht von einer primären Enuresis nocturna oder einer primären Enuresis diurna, wenn ein Kind noch nie mehrere Monate nachts oder tags trocken war.
- Eine sekundäre Enuresis nocturna ist dadurch gekennzeichnet, dass es zum erneuten nächtlichen Einnässen kam, nachdem das Kind schon mindestens sechs Monate lang trocken war. Vergleichbar spricht man von einer sekundären Enuresis diurna, wenn es nach mindestens sechs Monaten perfekter Blasen-Kontrolle am Tag erneut zum Einnässen tagsüber kommt.
- Da später noch von einer speziellen Enuresis-Art die Rede sein wird, brauchen wir noch eine weitere Unterscheidung: Tritt das Einnässen allein nachts auf, und sind Blasen-Kontrolle und Harnabgabeverhalten des Kindes tagsüber völlig unauffällig und altersgemäß, hat sich der Begriff isolierte Enuresis nocturna eingebürgert, da ja nur nachts Einnässprobleme vorliegen.
- Übrigens: mit drei Jahren nässen noch fast 50% aller Kinder ein, nach Vollendung des 4. Lebensjahres noch rund 20%, nach dem 5. Geburtstag immer noch rund 15% und bei der Einschulung noch fast 10% – meist nachts.

Die Wissenschaft hat festgestellt:

- Einnässende Kinder haben oft ein geringeres Selbstbewusstsein und weniger Vertrauen in ihre Fähigkeiten als gleichaltrige Kinder, die keine Probleme mit der Blase haben. Es fällt auf, dass recht viele von ihnen sich selbst weniger zutrauen und sich für weniger beliebt halten, als es der Wirklichkeit entspricht.
- Ihre Minderwertigkeitsgefühle sind verständlich. Sie bewältigen eine für sie inzwischen sehr wichtig gewordene Anforderung nicht, mit der – so glauben sie – alle anderen Kinder keine Probleme haben.
  Die regelmäßige Bestätigung für einen erneuten Misserfolg macht mutlos, ungeduldig und frustriert.
- Ihre Erfolglosigkeit bei der Blasen-Kontrolle lässt diese Kinder auch an Erfolgen in ganz anderen, von der Blase völlig unabhängigen Bereichen, zweifeln. Manche der einnässenden Kinder nehmen schon vorsichtshalber keine neue Aufgabe in Angriff, damit sie nicht wieder einen Misserfolg erleben müssen.
- Ihr Selbstwertgefühl leidet unter ihrem „Babyverhalten“.
  Doch nicht genug: Ihr angeknackstes Selbstwertgefühl erhöht die

Kennen Sie diese Situation?

- Mitten im Beratungsgespräch fällt der Mutter von **Valentin** ein (Valentin ist sieben und kam wegen primärem Nacht- und Tagnässen in die Beratung), dass der Junge in den Sommerferien am Meer nachts eigentlich nie einnässt, die Matratze im Wohnmobil ja auch gar keinen Nässeschutz hat – und das, obwohl niemand im Urlaub Valentins Trinkmenge kontrolliert, weil ja schließlich „Urlaub“ ist. *„Und, das muss ich jetzt auch noch sagen, weil uns das schon seit langem auffällt: Der Valentin hat tagsüber viel seltener eine nasse Hose, wenn sein Papa (von Beruf Fernfahrer) seine ‚Heimattage‘ hat und zu Hause ist. Dann unternehmen die zwei auch immer viel zusammen.“*

Selbst bei Kindern, die „immer“ nass sind, merken Sie Unterschiede in der Einnäss-Häufigkeit und in der Einnäss-Stärke. Wenn aus der Sicht des Kindes in der Familie oder im Tagesablauf mal gerade alles drunter und drüber geht, dann kann das Einnässen plötzlich viel stärker werden, zum Beispiel mehrmals pro Nacht. Es kann sogar mal für einige Tage Einkoten dazukommen. Zum Entsetzen aller macht also auch noch die Darm-Kontrolle Schwierigkeiten.

> Wahrscheinlichkeit für einen neuen Einnässzwischenfall! Fehlendes Selbstbewusstsein lässt die Blasen-Kontrolle versagen – und wieder hat man eine nasse Hose wie ein Baby. Ein Teufelskreis!

Und was wird die nächste Katastrophe sein? Gar nichts – denn das Einkoten geht, wie es gekommen ist, sobald wieder mehr Ruhe und Sicherheit in die Familie eingezogen ist. Genauso gibt es Zeiten, in denen alles viel besser ist. Solche guten Zeiten werden nach dem nächsten Rückschlag nur schnell wieder vergessen oder aus Verzweiflung als offensichtlich unwichtig abgetan.

Unter der Belastung eines oft jahrelangen Einnässkampfes wird unsere Erinnerung einseitig – und zwar negativ:

- *„Noch nie, noch gar nie hat das geklappt. Ich kenne unsere Tochter doch nur mit nassen Windeln, vom ersten Tag an bis heute in der 3. Klasse."*

Und ein paar Sätze später erzählt dann dieselbe Mutter:

- *„In den Sommerferien bei der Oma im Zelt, da hat sie sich ‚natürlich' nie nassgemacht. Und als Tante Evelyn aus den Staaten zu Besuch war und wochenlang mit ihr im selben Zimmer geschlafen hat, auch nicht."*

Sie sehen: Solche „guten Zeiten" geraten leicht in Vergessenheit.

Sicher haben Sie es schon gemerkt: „Blase & Co" sind nur ein Teil, der am Einnässen beteiligt ist – und keineswegs der einzig wichtige. Oft sind es äußere Einflüsse, die eine viel größere Rolle spielen.
Damit „Blase & Co" aber, sobald sie voll ausgereift sind, ihre komplizierten Aufgaben erledigen können, braucht es bestimmte weitere Voraussetzungen. Es gibt einige Möglichkeiten, die Blase direkt zu unterstützen. Die nennt Ihnen, falls sie überhaupt nötig sind, Ihr Kinderarzt. Wir werden in Kapitel 7 über begleitende Hilfsprogramme sprechen – und welche Voraussetzungen nötig sind, damit solche Programme bei Ihrem Kind überhaupt wirksam sind.

Vergessen Sie jetzt einmal Blase, Nieren und alle anderen Körperteile, die mit dem Einnässen zu tun haben könnten. Und denken Sie einmal darüber nach, welchen Einfluss das **Selbstbewusstsein** und die **Kompetenzgefühle** eines Kindes auf die Blasen-Kontrolle haben können.
Noch etwas zum Nachdenken: Vielen Eltern ist oft gar nicht bewusst, wie sie aus Enttäuschung über eine „nasse" Nacht und aus Angst vor der nächsten am Selbstbewusstsein ihres Kindes kratzen, ohne es zu wollen.

Wenn ein Kind den ganzen Tag lang die Enttäuschung der Eltern über sein „Versagen" zu spüren bekommt, wird es noch zusätzlich verunsichert – und die nächste nasse Nacht ist vorprogrammiert.

Kennen Sie diese Situation?

- **Am Morgen danach ...**
  Nachdem der Zustand des Bettes bekannt ist, fällt die morgendliche Begrüßung in der Regel nicht allzu herzlich aus. Das Einnässen wird zum Frühstücksthema oder zum Grund für eisiges Schweigen. Der Wunsch nach einem zweiten Glas Kakao wird überhört oder mit *„Du willst wohl nächste Nacht wieder davonschwimmen"* kommentiert.
  Mit gesenktem Kopf und hängenden Schultern geht **Martin** zur Schule. Diese Haltung wirkt auf die Schulkameraden wie ein Signal: Martin wird sofort als „geeignetes Opfer zum Ärgern" erkannt – und das wird gnadenlos ausgenutzt. Alles läuft schief. Sogar das Diktat, bei dem es bisher nie Schwierigkeiten gab.
  Mittags kommt Martin nach Hause, das Familienbarometer steht immer noch auf Sturm. Neben allen Tellern steht ein großes Glas, nur neben seinem steht ein Minigefäß von der Größe eines Schnapsgläschens. Ein Wort ergibt das andere. Fernsehen wird gestrichen.
  Jede Stunde ist ein Toilettengang angesagt – mit Ergebniskontrolle, und völlig unabhängig davon, was Martin gerade macht. *„Martin, komm' rein, und zwar sofort! Du weißt warum!"*

Das Abendessen läuft in jeder Beziehung „trocken“ ab. Zähneputzen und Toilettengang werden kontrolliert, das Bett mit saurer Miene und einem Wachstuch bezogen. *„Du kannst noch zwei Seiten lesen, aber dann machst Du das Licht aus. Vielleicht überlegst Du Dir ja mal, ob Du das Ins-Bett-Pinkeln nicht mal bleiben lassen willst. Deine Mutter verzweifelt noch wegen Dir. Und ich bin auch maßlos enttäuscht. Trockene Nacht, junger Mann!“*

Selbstbewusstsein – der Schlüssel zum Erfolg

So massiv wollen es die meisten Eltern dann doch nicht gesagt haben, doch genauso massiv kommt es beim einnässenden Kind an. Egal, wie Sie es formulieren: Ihr Kind spürt Ihre Enttäuschung – und jeder noch so leise Vorwurf fällt auf einen durch eigene Schuldgefühle vorbereiteten Boden. Das nächtliche Problem und das dazugehörende Wissen um das eigene Versagen verlassen das Kind nicht mehr – den ganzen Tag nicht, bei keiner Aktivität. Das „Leck" in der Blase lässt das Kind an sich zweifeln und verzweifeln. Aber genau das Gegenteil – nämlich zunehmendes Selbstbewusstsein – ist einer der Schlüssel zum Erfolg.
Schon mehrmals habe ich eine ganz plötzliche, in dieser Schnelligkeit überhaupt nicht erwartete „Enuresis-Heilung" erlebt – nur, weil ein Kind selbstbewusster wurde, seine Fähigkeiten erkannte und Bestätigung erfuhr.

Hier drei Beispiele, die Ihnen bestimmt Mut machen:

- **Bastian** (8½ Jahre alt, primäres Nachtnässen) durfte mit seiner Mutter, deren Freundin und ihrem neunjährigen Sohn **Jasper** zwei Wochen Urlaub in einem einsamen Ferienhaus in den Vogesen machen. Die Mütter nutzten die Zeit zur Erholung und zur Planung eines Wochenendkurses, die Kinder hatten uneingeschränkt Zeit und Spielmöglichkeiten im Haus und im Freien. Es gab Felsen zum Klettern, einen kleinen See, viel Holz ums Haus, keine Straße. Die Jungen verstanden sich bestens und hatten bereits nach zwei Tagen ihre Claims abgesteckt. Bastian war der sportlichere und mutigere von beiden; er brachte Jasper das Schwimmen bei. Jasper war ein feinmotorisches Talent, er zeigte Bastian, wie man schnitzt und kocht. Von der zweiten bis zur elften Nacht war Bastian trocken, die zwölfte Nacht war nass (die Mutter wagte kaum mehr zu atmen), die dreizehnte Nacht war wieder trocken – und so blieb es ohne einen weiteren Rückfall.

Das 2. Beispiel ist noch spektakulärer:

- **Vanessa** (nächtliches Einnässen seit Geburt) hatte von ihrem Patenonkel zum 9. Geburtstag ein Jahr Reitstunden geschenkt bekommen. Zwei Tage vor der ersten Stunde fuhr der Onkel mit ihr zum Stall, um alles anzusehen. Die Besitzerin des Reitstalls trat soeben mit einem Pferd ins Freie, begrüßte Vanessa und sagte: *„Du bist für Dein Alter zwar noch ziemlich klein, aber Du siehst aus wie eine Reiterin. Du wirst es gut machen, das weiß ich.“*
  In dieser Nacht nässte Vanessa nicht ein. Das war in den letzten neun Jahren insgesamt höchstens 20 mal vorgekommen. Vanessa blieb von dieser Nacht an trocken.

Das 3. Beispiel:

- **Lisa**, 7 Jahre alt, hatte nach der Scheidung und dem Auszug ihres Vaters mit fünf Jahren wieder begonnen, nachts, ganz selten auch tagsüber, einzunässen. Im Alter von zwei Jahren war sie bereits tagsüber und auch nachts trocken gewesen. Lisas Mutter, eine Architektin, war ganztags berufstätig. Lisa wurde nach der Schule von der Großmutter versorgt und abends dort von ihrer Mutter abgeholt.
  Nach einem Skiunfall war die Mutter monatelang krank geschrieben und zu Hause. *„Ohne die Schmerzen wäre diese Zeit die schönste in den letzten Jahren gewesen*”, erzählte Lisas Mutter später überall. Lisa versorgte ihre Mutter bestens. *„Unsere Beziehung wurde ganz neu, richtig rund zwischen einer Mutter und ihrer großen Tochter!“*
  Interessant ist an dieser Geschichte, dass Lisa während der Heilung ihrer Mutter von Woche zu Woche seltener einnässte – und dass sie bereits wieder trocken war, bevor ihre Mutter ins Berufsleben zurückkehrte. In der ersten Arbeitswoche der Mutter kam es noch zu zwei nassen Nächten. Doch als Lisa merkte, dass der Alltag die gute Beziehung zu ihrer Mutter nicht mehr angreifen konnte, blieb die Blasen-Kontrolle von da an perfekt. Sie hatte es geschafft.

Die Wissenschaft hat festgestellt:

- Für die Entstehung eines guten Körpergefühls ist Hilfe von außen nötig.
- Wenn wir auch einige Strategien funktionsfertig mit auf die Welt bringen, um ganz allein etwas über unseren Körper, seine Möglichkeiten und unser körperliches Befinden zu erfahren, so reichen diese jedoch nicht aus, um all das ausschöpfen zu können, was wir mit dem Begriff Körpergefühl umschreiben.
- Ein gutes Körpergefühl beginnt mit engem Kontakt, mit Körperkontakt. Am Körper getragen, in den Schlaf gewiegt, gestillt, liebevoll mit Fläschchen gefüttert und gesund gepflegt, notfalls getröstet und in den Arm genommen zu werden, eng aneinander gekuschelt zu träumen, gestreichelt und mit Worten liebkost zu werden – all das lässt das Kind den Körper der Bezugsperson und ihren Einfluss auf sein Körperempfinden erleben.
- Ein Kind lernt seinen Körper und seine körperlichen Möglichkeiten auf zweierlei Weise kennen: Durch unermüdliche und variierende Eigenversuche und durch die Reaktionen seiner Umgebung.

Das Selbstbewusstsein stärken, Fähigkeiten und Hobbies fördern, dem Kind Aufmerksamkeit und Zuwendung geben – das heißt nicht nur, Ihr Kind zu einer ausgeglichenen Persönlichkeit werden zu lassen, sondern es heißt auch, die Blase zu „heilen". Warum und wie das funktioniert, erfahren Sie im nächsten Kapitel.

Jedes Kind muss die Chance bekommen, seinen Körper funktionstüchtig zu erleben, ein gutes Körpergefühl aufzubauen. Das ist vor allem für Kinder wichtig, die bereits mit Unzulänglichkeiten ihres Entwicklungsverlaufs zurechtkommen müssen. Zwei der „märchenhaften" Heilungsbeispiele haben sicher nicht ohne Grund mit körperlichen Fähigkeiten zu tun, die plötzlich erkannt wurden. Gerade ein Kind, das seinen Körper nicht immer als funktionierend erlebt, braucht hier Erfolgs-Erlebnisse.

Immer noch ein Babyverhalten zu zeigen, es nicht mit eigenem Willen beheben und nichts dagegen unternehmen zu können – trotz mal Wut, mal Verzweiflung darüber – ist besonders für Kinder im Grundschulalter schwer zu verkraften. Muss man doch gerade jetzt sich selbst und der ganzen Welt beweisen, wie toll, groß und neuerdings auch, wie cool man ist.

- *„Ich habe mir schon oft überlegt, ob ich vielleicht von einem anderen Stern bin, wo alle, die was taugen, hosenpieseln, und bloß die Versager nicht den Mut dazu haben!“* (**Paul**, fast 9 Jahre alt, primäres Nachtnässen). Ein rührender Versuch, eine Peinlichkeit – auch vor sich selbst – nicht peinlich, sondern besonders aussehen zu lassen.
- *„Wenn ich nicht so gut schwimmen, Tennis spielen und am längsten von der ganzen Klasse laufen könnte, hätte ich schon längst gedacht, mein Schittkörper ist völlig verkrebst.“* (**Max**, fast 9 Jahre alt, sekundäres Nacht- und Tagnässen)

Jedes Lächeln, das interessierte Beobachten seiner Aktivitäten und jedes Lob (*„Gut machst Du das“*) wird aufgesaugt, mehrt die Anstrengung und stärkt das Körperbewusstsein – und das ist ein wichtiger Teil des Selbstbewusstseins.

- Damit sich ein Kind ernstgenommen fühlen kann, müssen auch seine Körper-Empfindungen ernstgenommen werden. Zu den ersten Erfahrungen in diesem Bereich gehören die elterlichen Reaktionen auf das sich langsam entwickelnde Schamgefühl. Werden die Wünsche des Kindes nach körperlicher Intimität verstanden und akzeptiert, wird gleichzeitig vermittelt, dass der kindliche Körper schützenswert ist – ein ungeheurer Bonus für das Körpergefühl.

Sie sehen, wie wichtig ein gutes Körpergefühl ist. Gerade im Kindergarten- und Grundschul-Alter kann fast jeden Tag etwas Neues im Leistungsspektrum des Körpers dazukommen. Bewältigte Herausforderungen – mit gebührender Anerkennung von den wichtigen Menschen zur Kenntnis genommen – tragen zu einem guten Körpergefühl bei. Achten Sie doch mal auf den kräftigen, sicheren Schritt eines soeben bestätigten Kindes.

Die Scham ist ein besonderes Thema einnässender Kinder, denn die Scham betrifft den Unterleib, gleichzeitig das Aktionsfeld des Einnässens. Wie schnell werden kindliche Schamgefühle achtlos beiseite gewischt – wenn es heißt *„Zieh' Dir sofort die Hose aus!“*, wenn man vor aller Augen gewickelt wird (und dafür eigentlich schon zu alt ist!), wenn bei jedem Toilettengang das Ergebnis kontrolliert wird, ganz zu schweigen vom schnellen Griff in die Hose, mit dem die Mutter sich Klarheit verschaffen will.

Meine Arbeit mit Kindern hat mir gezeigt, dass, wer sich liebenswert fühlt – und dieses Gefühl bekommt man von außen vermittelt – nicht perfekt zu sein braucht, um sich selbst zu mögen. Aber unter den einnässenden Kindern sind immer wieder welche, die wenig Gelegenheit haben, auf ihren Körper stolz zu sein oder sich in ihrer Haut wohlzufühlen. Aber genau das zu erleben, diese ganz neuartige Erfahrung auszukosten, könnte der letzte noch fehlende Anstoß sein, „über die Blase zu siegen".

Wann haben Sie Ihr Kind zum letzten Mal im Arm gehabt, mit ihm geschmust, sich gemeinsam in die Sofaecke gekuschelt und etwas ganz Schönes mit ihm gemacht?

Kapitel 5: Das Wichtigste in Kürze

- Enuresis bedeutet Einnässen, ohne eine kranke Blase zu haben. Trotzdem immer nur die Blase behandeln wollen, das bringt nichts – außer Mißerfolg und Frust.
- Selbstbewusstsein stärken, Aufmerksamkeit und Zuwendung geben, Fähigkeiten und Hobbies fördern – das wirkt sich zwar indirekt, aber voll auf die Blase aus: Sie funktioniert, ganz plötzlich, aber keineswegs überraschend.

6

Die „Sprechblase“: Was uns die Blase alles sagen kann

In diesem Kapitel erfahren Sie, …

- warum in den Abend- und Nachtstunden in wechselnder Häufigkeit mit nassen Betten zu rechnen ist
- wie man einen „Einnässkalender“ erstellt – und wozu
- wie Sie zum Wetterfrosch für nasse und trockene Nächte werden können
- wie eine „Sprechblase“ entsteht
- was die Blase Spannendes erzählen kann – und wie Sie verstehen können, was sie sagt

Warum sage ich Ihnen das?

Fast alle Eltern glauben zuerst einmal an die Exklusivität ihres Schicksalschlages und gehen davon aus, nur sie hätten ein Kind, das in diesem Alter noch einnässt.
Falls Sie auch dieser Meinung sind, muss ich Sie zuallererst einmal „enttäuschen“. Von wegen Exklusivität: Mit drei Jahren nässt noch fast jedes zweite Kind ein, mit vier Jahren noch jedes fünfte, mit fünf Jahren noch etwa jedes siebte – und zwischen sechs und sieben Jahren immerhin noch jedes zehnte Kind.
Das heißt, dass in einer Grundschulklasse im Durchschnitt zwei Kinder mit Blasen-Kontroll-Problemen mehr oder weniger versteckt sind. Ich habe diese Zahlen schon einmal genannt, aber sie sind wichtig für Ihre eigene Einstellung zu diesem Thema. Dass das Einnässen viele Kinder betrifft, ist vielleicht kein Trost für Sie. Aber Sie sollen wissen, dass Sie mit diesem Problem nicht allein dastehen, und dass Sie keine Angst davor haben müssen, mit anderen ganz offen über dieses „peinliche“ Thema zu sprechen.

Jedes Kind hat sein eigenes „Einnässmuster“

Doch jetzt beginnt das Vergleichen: *„Ja, läuft dieses Fiasko denn überall genau so ab wie bei uns?“* Mit Sicherheit nicht.

- Denn erstens ist die Toleranz-Schwelle nicht bei allen Eltern gleich hoch.
- Und zweitens tritt das Einnässen unterschiedlich häufig auf. Das eine Kind kann zwei- oder dreimal im Monat eine nasse Nacht oder einen nassen Tag haben. Andere Kinder wiederum nässen mehrmals pro Nacht ein. Und es gibt auch welche, denen dieses Unglück zusätzlich noch mehrmals am Tag passiert. Zwischen diesen Extremen liegt eine Vielzahl unterschiedlicher „Einnässmuster“.

Genau diesen Unterschieden aber gilt es auf die Spur zu kommen, um jedem Kind wirklich individuell helfen zu können.

Auf die Idee, das Einnässmuster (wissenschaftlich ausgedrückt: den Symptomverlauf) überhaupt zu beachten, brachten uns Kinder mit altersgemäß erworbener Blasen-Beherrschung – also Kinder, die keine Probleme beim Sauberwerden gehabt hatten und auch nie einnässten.

Bei ihnen fällt nämlich in den ersten Jahren, nachdem sie trocken sind, auf, …

- dass viele bei heftigem Erschrecken einnässen (manche sogar einkoten), ebenso in ängstigenden Situationen (vor dem Fernseher, im Kino, auf einer Nachtwanderung). Nicht umsonst sagt schließlich der Volksmund, dass man sich „vor Angst in die Hose macht“
- dass sie bei übergroßer Freude plötzlich eine leicht nasse Hose haben

- dass die Hose auch mitten in einem aufregenden Spiel nass werden kann – zum Beispiel, wenn Kinder sich verstecken oder absichtlich gruseln
- dass Kinder nach einem schlimmen Erlebnis mehrere Nächte hintereinander nass sein können
- dass „saubere" Kinder beim „Ausbrüten" einer Infektionskrankheit oft plötzlich nass sind – zumeist in der Nacht vor dem Ausbruch der eigentlichen Symptome, mitunter kombiniert mit Erbrechen

Es scheint zum Normalprogramm zu gehören, dass selbst bei inzwischen stabiler Blasen-Kontrolle besondere Ereignisse hin und wieder einen unkontrollierten Harnabgang hervorrufen können.
Und genau mit dieser Erfahrung kommen Eltern einnässender Kinder zum Arzt oder in die Beratung und schildern vergleichbare Beobachtungen beim Einnässverlauf.

- *„Also, ich glaube ja nicht mehr, dass das Zufall ist, wenn **Eva** besonders lange trocken und dann wieder eine ganze Zeit lang fast nur nass ist. Da steckt System dahinter. Wenn nämlich bei uns in der Ehe, in der Familie und bei der Arbeit alles gut läuft, dann ist sie trocken. Ob Sie es glauben oder nicht: Mein Mann meint ja, ich spinne, und solle meine Fähigkeit, Systeme zu erkennen, lieber zum Lottospielen einsetzen."*

Die Beobachtung von Evas Mutter ist kein Einzelfall. Viele Eltern machen bereits vor Beratungsbeginn die Feststellung, dass bei ihren Kindern nach Unwohlsein, Sorgen oder Problemen das Bett morgens häufiger nass ist als etwa in den Ferien oder in Zeiten einer „Hochstimmung", also in „guten Zeiten". Doch viele Eltern verfolgen diese „heiße Spur" leider nicht weiter. Denn:

- *„Was soll **Manuels** Blase mit dem Ferienplan Baden-Württembergs zu tun haben?"*

- *„Der gute Platz bei den Bundesjugendspielen kann doch keinen Einfluß auf* ***Angelas*** *Blasengröße haben. Die soll doch angeblich zu klein sein. Zu klein ist die Blase nach den Cola-Gelagen im Sportclub aber mit Sicherheit auch nicht. Danach ist Angela nämlich nie nass. Aber immer, wenn sie mit ihrer Schwester Zoff hat. Das kann doch gar nicht sein.“*

Die Wissenschaft hat festgestellt:

- Weit über die Hälfte der einnässenden Kinder, die älter als sechs Jahre sind, zeigen ein sehr unregelmäßiges Einnässmuster.
- Zeiten mit fast perfekter Blasen-Kontrolle können mit besonders schlimmen Nassphasen abwechseln. Ebenso können, wenn nach recht langen „Trockenperioden“ alle aufzuatmen beginnen und Hoffnung schöpfen, plötzlich wieder einzelne nasse Nächte auftreten.
- Knapp ein Drittel der Eltern gibt an, dass ihre Kinder nahezu regelmäßig – also fast jede Nacht oder jeden Tag – nass sind. Es gibt auch Eltern, die berichten, dass ihr Kind jede Nacht nass ist. Aber selbst wenn das Einnässen jede Nacht passiert, können trotzdem – mit etwas Aufmerksamkeit – Unterschiede festgestellt werden: Plötzlich kommt es zum Beispiel nachts vorübergehend mehrmals zum Einnässen, zu zusätzlichem Tagnässen oder in Einzelfällen gar zum Einkoten.

Kennen Sie solche Gedanken? Das sind spannende – und vor allem wichtige – Entdeckungen. Und trotzdem wenden die meisten Eltern ihre ganze Aufmerksamkeit sofort wieder der Blase zu – und damit dem Abmessen der abendlichen Trinkmenge, dem Aufspüren heimlichen Trinkens am Wasserhahn, dem vielleicht doch zu kalten Wasser im Freibad und einem neuen Weckplan. Leider – weil immer erfolglos. Und warum erfolglos? Weil die Eltern das Einnässproblem an der falschen Stelle suchen: in der Blase. Sie halten die Blase für schuldig (hierzu mehr in den Kapiteln 7 und 10).

Ich bin mir ganz sicher, dass viele Eltern bei ihrem Kind in Zeiten besonderer Aufregung eine Verschlimmerung des Einnässens feststellen. Anfangs wahrscheinlich nach dem Motto:

- *„Das hat uns jetzt gerade noch gefehlt, wo sowieso alle verrückt spielen und ich am liebsten davonlaufen würde. Jetzt macht* ***Susanne*** *auch noch fast jede Nacht ins Bett."*

Haben Sie diesen Zusammenhang aber bereits mehrmals erlebt, so werden Sie im Laufe der Zeit in oder nach ungünstigen Situationen schon fast damit rechnen, dass Ihr Kind einnässt:

- *„Heute mittag habe ich zu meinem Mann gesagt: Jetzt sind wir doch mal wieder an einem Chaos-Punkt angekommen, an dem* ***Lorenz*** *uns bestimmt Bett oder Hose füllen wird."*

Der Einnässkalender

Ich wette mit Ihnen, dass noch mehr Eltern die Erfahrung gemacht haben, dass das Einnässen plötzlich wieder weg war – wie weggeblasen. In den Ferien zum Beispiel, während einer Urlaubsreise, bei Übernachtungen von Freunden oder bei Freunden, oder „wenn einfach alles Spitze läuft“, ist tatsächlich – ganz aus dem gewohnten Rahmen fallend – eine größere Anzahl trockener Nächte zu verbuchen. *„Frag' mich nicht, warum!“* Doch, fragen Sie! Auf diese Frage antworte ich Ihnen besonders gern.

„Zu verbuchen“ – das ist mein Stichwort: Es lohnt sich, Buch zu führen, und zwar einen richtigen Einnässkalender.

Sie brauchen keinen Einnässkalender, der Ihnen, und vor allem Ihrem armen Kind, tagtäglich das vor Augen führt, was Sie beide bereits wissen: nämlich dass immer noch viele nasse Nächte vorkommen oder mehr oder weniger nasse Tage. Sie und Ihr Kind brauchen einen Einnässkalender, der Sie wichtige Zusammenhänge erkennen lässt – und mit diesem Wissen ganz neu handeln lässt.

Der Einnässkalender hilft Ihnen, derartige Zusammenhänge aufzudecken. Welche Angaben brauchen Sie dazu?

- Wie hat das Kind den Tag empfunden?
- Was war das Besondere an diesem Tag?
- Wie war die darauf folgende Nacht: nass oder trocken?

Die **erste Frage *„Wie hat das Kind den Tag empfunden?“*** ist die Frage nach der **Tages-Bewertung**. Sie muss am Abend beantwortet und eingetragen werden. Fragen Sie Ihr Kind: *„Was für ein Tag war das heute für Dich? Ein guter, normaler – oder eher ein schlechter Tag?“* Lassen Sie Ihr Kind ganz spontan antworten, ohne es zu beeinflussen, und tragen Sie die Bewertung ein.

- Einen eher guten oder normalen Tag nenne ich **„Normaltag“**. Aber Sie können ruhig die Formulierung Ihres Kindes eintragen (zum Beispiel „Supertag“, „Spitzentag“ oder „Okaytag“).
- Einen eher schlechten Tag nenne ich **„Belastungstag“**. Aber auch dafür hat Ihr Kind sicher eigene Formulierungen (zum Beispiel *„Sch…tag“*).

Die Wissenschaft hat festgestellt – und Sie im Prinzip auch:

- Auf über 80% der Tage, an denen negative Erlebnisse, Aufregungen, Enttäuschungen und Unwohlsein für das Kind im Vordergrund standen, folgt eine nasse Nacht.
- Das heißt: Auf einen Tag mit Belastungen folgt viel häufiger, als es vom Zufall zu erwarten wäre, eine nasse Nacht.
- Für Kinder, die nahezu regelmäßig einnässen, können Enttäuschung, Verletzung und Misserfolg an einer Verschlechterung der Einnäss-Situation abgelesen werden: Mehrmaliges nächtliches Einnässen, Tagnässen oder Einkoten finden sich fast ausschließlich in diesen belastungsreichen Zeiten.
- Für Kinder mit wechselndem Einnässmuster sind interessanterweise nach Tagen ohne besondere Vorkommnisse und nach Tagen, die überwiegend schön, auffallend spannend oder toll waren, nur durchschnittlich 10% der darauf folgenden Nächte nass.
- Das heißt: Auf einen Tag ohne belastende Erlebnisse, ebenso auf einen Tag, den das Kind als besonders schön empfand, folgt viel seltener eine nasse Nacht.

- **„Normaltage“** sind Tage, an denen es keine besonderen Vorkommnisse gab, alles routinemäßig ablief, oder aber positive, erfreuliche, erfolgreiche Erlebnisse, Lachen und Spaß im Vordergrund standen.
- **„Belastungstage“** sind Tage mit für das Kind negativen Ereignissen wie Aufregung, Ärger, Angst, Kummer, Enttäuschung oder Unwohlsein.

Die zweite Frage *„Was war das Besondere an diesem Tag?“* ist die Frage nach den **Gründen für diese Bewertung**. Sie muss direkt nach der Zuordnung Normaltag/Belastungstag, also auch am Abend gestellt werden. Fragen Sie Ihr Kind: *„Und warum war das für dich heute so ein guter/so ein schlechter Tag? Was war denn heute für dich besonders schön/schlecht?“* Halten sie die Antworten Ihres Kindes mit einigen Stichworten fest, zum Beispiel:

- **Normaltag**: *„Niemand hat mich gehänselt“, „Schule lief prima“, „Sami hat mich zum Spielen abgeholt“.*
- Oder, wenn es ein **Belastungstag** war: *„Krach mit Oliver“, „Stunk zu Hause“, „Keine neuen Turnschuhe“, „Fernsehverbot bis Freitag“...*

Entscheidend für die richtige Beurteilung eines Tages ist nicht Ihr elterlicher Eindruck, sondern die Bewertung Ihres Kindes. Denn Sie wollen ja herausfinden, was Ihr Kind als negativ erlebt hat und wodurch es sich belastet fühlt – vielleicht sogar so belastet, dass seine Blase auf die Belastung mit Einnässen antwortet. Also: Halten sie sich bitte zurück mit Ihrer persönlichen Meinung. **Wichtig ist nur, wie *Ihr Kind* den Tag bewertet**. Zum Beispiel kann ein Streit einfach ein Streit gewesen sein. Für die Bewertung ist es völlig gleichgültig, wer daran schuld war oder glaubt, nicht daran schuld gewesen zu sein. Wichtig ist allein, ob sich Ihr Kind wegen dieses Streits für den Eintrag „Belastungstag“ entschieden hat. Den Eintrag können Sie dann machen. Der Kalender muss also Platz für eine Tageseinteilung und für erklärende Stichworte bieten.

- Das heißt: Das Erleben und das Befinden eines einnässenden Kindes hat einen direkten, in Zahlen nachweisbaren Einfluss auf sein Einnässen.
- Und daran ändert sich auch nichts, wenn mit dem Kind gerade eine oder gar mehrere Enuresis-Therapien versucht werden. Die laufenden Behandlungsversuche beeinflussen den Zusammenhang zwischen Tageserlebnissen und Einnässen nicht. Warum das so ist, wird Ihnen in Kapitel 7 klar.

Ältere Kinder machen die Einträge oft selbst – mal mit, mal ohne vorheriges Gespräch mit den Eltern. In manchen Familien schaut man sich den Plan täglich, in anderen einmal die Woche gemeinsam an. Hier müssen Sie und Ihr Kind die passende Vorgehensweise suchen und finden.

Für die Vorschulkinder oder Schulanfänger unter meinen Beratungskindern sieht die Praxis meist so aus, dass Eltern und Kind irgendwann gegen Abend kurz gemeinsam den Tag durchgehen und die Eltern die Ergebnisse im Beisein des Kindes eintragen.

Die spannendste Frage ist natürlich dann die **Frage 3: *„Wie war die Nacht danach – nass oder trocken?“*** Spätestens am nächsten Morgen wissen Ihr Kind und Sie die Antwort. Tragen Sie auch diese Antwort sofort in den Einnässkalender ein. **Dieser Eintrag ist wichtig, damit Sie die Zusammenhänge zwischen den Ereignissen des Vortages und dem Geschehen in der Nacht**

danach herausfinden. Sie können hier mit Abkürzungen arbeiten (z.B. n = nass, tr = trocken), aber auch mit Symbolen (z.B. Regen, Wolken, Sonne, Farbpunkte). **So kann ein Einnässkalender aussehen:**

Tag	Tages-Bewertung	Was war heute los?	Wie war die Nacht danach?
1	Belastungstag	Dicker Krach mit Papa	nass
2	Belastungstag	Dauernd Spannungen	nass
3	Belastungstag	Klima besser, Stimmung aber nicht ok	nass
4	Normaltag	War mit Freunden baden	trocken
5	Normaltag	Aufsatznote erfahren: „2“	trocken
6	Normaltag	Tante zu Besuch, darf lange aufbleiben	trocken
7	Normaltag	Kein Stunk, aber etwas langweilig	nass
8	Belastungstag	Seit dem Nachmittag ist ihm schlecht	nass
9	Belastungstag	Nach der 2. Schulstunde erbrochen, nach Hause	trocken
10	Belastungstag	Krank, beim Mittagsschlaf naß	nass
11	Belastungstag	Noch unwohl, Papa fragt, ob eine Klassenarbeit ansteht	nass
12	Normaltag	Es geht besser, Papa ist 2 Tage auf Lehrgang	nass
13	Normaltag	Fast gesund, Oma liest vor, Freund kommt zu Besuch	trocken
14	Normaltag	Bauen alten Spielzeugschrank um und spielen	trocken

Tag	Tages-Bewertung	Was war heute los?	Wie war die Nacht danach?
15	Normaltag	Heute war Dorffest	trocken
16	Normaltag	Mit Papa und Onkel angeln gewesen	trocken
17	Normaltag	*„Fand ich echt in Ordnung“*	trocken
18	Normaltag	Ruhig, nichts vorgefallen	nass
19	Belastungstag	Alles beschissen, nennt keinen Grund	nass
20	Belastungstag	Ganz durcheinander, irgendwas mit dem Sportverein	nass
21	Belastungstag	Soll beim Spiel am Wochenende nicht eingesetzt werden	nass
22	Belastungstag	Jetzt auch noch Schreibetui verloren	nass
23	Belastungstag	Ganz schlechte Stimmung	nass
24	Belastungstag	Etui wieder da, aber sonst alles Mist	nass
25	Normaltag	Wurde im Training gelobt, von Papa Buch bekommen	nass
26	Normaltag	Nichts Besonderes	nass
27	Normaltag	Mit Nachbarn zum Grillen	trocken
28	Normaltag	Geht als Ersatzmann zum Spiel mit	trocken
29	Normaltag	Nichts Besonderes	trocken
30	Belastungstag	Lehrer spricht von geplanter Freizeit, Angst	nass
31	Normaltag	Altes Radio geschenkt bekommen	trocken

Und wie wertet man so etwas aus?

Dieser Einnässkalender zeigt einen Monat mit 31 Tagen und Nächten, die wir auswerten können. Unser Beispiel:

- Auf 14 Belastungstage folgten 13 nasse Nächte und eine trockene Nacht
- Auf 17 Normaltage folgten fünf nasse Nächte und zwölf trockene Nächte

Es lohnt sich, nun einmal die Belastungen näher unter die Lupe zu nehmen. Was alles verbirgt sich hinter diesem Wort „Belastung"?
Jetzt wird es spannend. Denn jetzt beginnt Ihre Detektiv-Arbeit: Jetzt geht es um das Aufspüren von Belastungs-Situationen im Tagesverlauf. Und die können von Kind zu Kind ganz unterschiedlich sein.
Am besten üben Sie das Aufspüren zuerst einmal, indem Sie nach etwas suchen, was sie leichter finden als die Belastungen – einfach, weil es auffälliger und nicht so versteckt ist und Ihnen deshalb eher auffällt.

Hier ist Ihre erste Detektiv-Aufgabe: Durch welche Besonderheiten zeichnen sich die Tage aus, nach denen Ihr Kind ganz selten, so gut wie nie, einnässt?

Was macht einen Tag für Ihr Kind zum „Normaltag"?

Nach solchen Tagen sind die Nächte meist trocken:

- Tage in den Schulferien, auf der Freizeit, im Ferienlager, bei der Oma
- Tage in „Okay-Zeiten", ohne „Spinnen", ohne Chaos in der Familie
- Tage, an denen das Kind sich und anderen etwas beweisen konnte
- Tage am Ende einer Krankheit, wenn alle einen verwöhnen, man nicht mehr richtig krank ist, aber noch all die Vorzüge des Krankseins genießen darf

- Tage, in denen der vermisste, auswärts berufstätige Vater zu Hause ist, von der Montage zurück ist, keine Nachtschicht schiebt
- Tage, an denen erlaubt wurde, die Nacht in Mamas Bett zu verbringen
- Tage, an denen man abends bei Freunden übernachten darf oder diese zum Übernachten kommen
- Tage, die mit Festen bis tief in die Nacht ausklingen
- Tage, an denen ein gefürchtetes Kind nicht im Kindergarten, nicht in der Schule oder beim Training war

(Nennungen aus Einnässkalendern in der Häufigkeit des Auftretens)

Sie sehen: Normaltage – das sind alles Tage, an denen sich Angenehmes ereignete, dem Kind besondere Zuwendung und Aufmerksamkeit entgegengebracht wurde, es erfolgreich war oder Glück hatte.
Ich denke, nun ist Ihr Blick geschult, und Sie können mit dem zweiten Schritt Ihrer Detektiv-Arbeit beginnen.
Dann also Ihre zweite Detektiv-Aufgabe: Was sind die Ereignisse im Tagesverlauf, die Ihr Kind als belastend empfindet, und nach deren Auftreten es mit großer Wahrscheinlichkeit nachts einnässt? Und es lohnt sich: 10 – 20% aller einnässenden Kinder werden allein dadurch trocken, dass jemand mit ihnen oder für sie einen Einnässkalender führt, sich ihnen und ihren Problemen offensichtlich zuwendet.

Was macht einen Tag für Ihr Kind zum „Belastungstag“?

Ein Blick in den Einnässkalender lässt die belastenden Ereignisse bereits nach wenigen Wochen klar hervortreten.
Da Ihr Kind sich jeden Abend entscheidet, ob es einen „Belastungstag“ oder einen „Normaltag“ hinter sich hat, können Sie nun – aufgrund der Stichworte

im Kalender – individuell herausfinden, was Ihr Kind als Belastung empfindet und was gerade ihm ganz besonders Kummer macht. **Jedes Kind hat seine eigenen Sorgen, aber dennoch lässt sich Allgemeines sagen.**

Nach solchen Tagen sind die Nächte meist nass:

- Belastungen können zum Beispiel durch die Familiensituation zustandekommen. Darunter fallen alle familiären Auseinandersetzungen – solche, an denen das Kind direkt beteiligt war genauso wie die, in die andere Familienmitglieder verwickelt waren, und bei denen das Kind nur Zuschauer oder Zuhörer war. Dazu gehört auch noch etwas ganz Leises, aber gar nicht so Seltenes: Das Gefühl des Kindes von Einsamkeit oder Isolation in der Familie. Kummer im familiären Bereich ist übrigens der am häufigsten genannte Grund für einen Belastungstag.
- Am zweithäufigsten werden Gründe für einen Belastungstag genannt, die den Eltern ganz selten bewusst sind und zu oft in ihrer Bedeutung unterschätzt werden. Zum Beispiel spricht das Kind den Alltag an, weil es Schwierigkeiten bei der Bewältigung von Alltagsproblemen oder Ängste vor täglichen Anforderungen hat. Das Kind hat ein ungutes Gefühl im Bauch – aber die Eltern reagieren nicht, weil sie andere, für sie im Moment „wichtigere“ Dinge im Kopf haben. Hand aufs Herz: Haben Sie das nicht auch schon erlebt?
- Das bereits bei Kindern mit perfekter Blasen-Kontrolle beobachtete Phänomen, vor oder während einer Infektionskrankheit einzunässen, konnte auch für Kinder mit Enuresis voll bestätigt werden. Krankheit, körperliche Überanstrengung und körperliches Unwohlsein machen einen Tag zum Belastungstag mit häufig nassen Folgen.
- Kameraden – das heißt Probleme mit Freunden und Spielkameraden – können belastend sein, ebenso die Schule – und zwar Probleme *mit* und *in* der Schule. Zwar können es Lern- und Leistungsprobleme sein, aber meistens sind es Schwierigkeiten des Kindes im Klassenverband, auf dem Schulweg oder in der Pause.

Finden Sie nicht auch, dass der Begriff „Belastungen“ jetzt bereits viel griffiger geworden ist? Jetzt sehen Sie möglicherweise die alltägliche Lebenssituation Ihres Kindes schon viel klarer vor sich. Und das ist ungeheuer wichtig, damit Sie gezielt eingreifen und gegensteuern können.
Sicher verstehen Sie jetzt auch, dass viele Eltern – ganz ohne Kaffeesatz – bereits nach kurzer Zeit aus dem Kalender herauslesen können, auf welchen Tag höchstwahrscheinlich eine nasse oder eine trockene Nacht folgt.
Wenn Sie Ihre Detektiv-Arbeit jeden Tag ernst nehmen, dann bekommen Sie langsam aber sicher immer mehr Durchblick, und Ihre „Wettervorhersage“ wird immer genauer. Denn Sie kennen jetzt die Gründe für nasse Nächte und wissen, auf welchen Tag voraussichtlich eine nasse Nacht folgt. Das ist wichtig für Sie – denn Sie wollen ja schließlich **aus Belastungstagen Normaltage machen – damit aus nassen Nächten trockene Nächte werden**.
Um das zu schaffen, müssen Sie erst einmal versuchen, die Zahl der täglichen Belastungen für Ihr Kind so niedrig wie möglich zu halten. Und zwar jeden Tag aufs Neue. Aber das gelingt natürlich nicht jeden Tag. Denn es gibt ja Belastungen, auf die Sie gar keinen oder wenig Einfluss haben, zum Beispiel auf die aus Kindergarten oder Schule.
Wenn Sie also am Abend merken *„Das war ein Belastungstag – trotz aller Mühe, die ich mir gegeben habe“*, dann gibt es einen wunderbaren „Kniff“, mit dem Sie auch diesen Tag noch retten können:
Versuchen Sie doch einfach mal, am Abend aus einem schon fast fertigen, rundum scheußlichen Belastungstag noch einen richtigen Normaltag zu machen, an dem das Positive vor dem Einschlafen überwiegt – einen Tag, der nächtliches Einnässen völlig unnötig macht. Viele Eltern haben schon festgestellt, dass am Abend noch lange nicht „aller Tage Abend“ sein muss, dass sie einen Belastungstag noch in einen Normaltag mit seinen trockenen Folgen umwandeln können.
Zum Beispiel so: Ein Abendspaziergang Hand in Hand, ein gemeinsam zubereitetes und genossenes Abendessen – vielleicht mit Kerzen, Musik oder einem für alle spannenden Spiel – ein Vorlesestündchen angekuschelt in der Sofaecke, ein Picknick in der Badewanne. Sie haben sicher selbst genügend eigene Ideen, um eine „Wunder wirkende“ Abendauskling- und Zubettgeh-Si-

tuation zu schaffen. Und Sie werden sehen: Die folgende Nacht kann trocken bleiben. Das ist dann die Belohnung für Ihren persönlichen Einsatz am Abend. Eine Belohnung, die der ganzen Familie gut tut.
So, bis jetzt haben wir uns überwiegend mit den nassen oder trockenen *Nächten* beschäftigt. *„Aber es gibt doch auch tagnässende Kinder"*, werden Sie sagen. Vielleicht haben Sie sogar eins. Lohnt es sich hier denn auch, nach etwas zu suchen, was im Zusammenhang mit dem *Tagnässen* steht? Kann man so auch die „Tagnässer" wirkungsvoll unterstützen? Die Antwort ist: *„Ja"*. Und zwar ganz eindeutig.
Einnässen nachts im Schlaf, das kann man gerade noch verstehen. Aber Einnässen am Tag – wenn das Kind hellwach ist, gerade noch gespielt oder gestritten hat – das verstehen die meisten Eltern beim besten Willen nicht mehr.

Kennen Sie diese Situationen?

- *„Da ist mir die Hand schon mal ausgerutscht. Ich hätte* ***Oskar*** *die nasse Hose um die Ohren schlagen können. Da sitzt der doch am hellichten Tag in einer Zimmerecke und pinkelt mit offenen Augen in die Hose. Das Klo ist gerade mal drei Meter entfernt!"*

- *„Da kann mir einer sagen, was er will, das macht* ***Klara*** *mit Absicht. Das läuft immer nach dem gleichen Muster ab: Sie macht irgendeinen Quatsch, gehorcht nicht, spinnt rum, wir schimpfen sie aus oder verbieten ihr was. Dann zieht sie ab, hockt irgendwo rum, und man denkt, jetzt hat sie sich wieder eingekriegt – da macht sie uns doch tatsächlich aus Trotz in die Hose. Selbst wenn sie kurz vorher auf der Toilette war. Das ist doch eine Provokation! Sie muss doch merken, wenn es kommt. Wir glauben langsam: Die will sich an uns rächen!"*

Haben Sie an einer Stelle Ihr Kind oder sich selbst erkannt? Das Tagnässen macht besonders hilflos und deshalb auch so wütend. Am hellichten Tag läuft vor aller Augen ein Prozess ab, von dem alle annehmen, dass er in diesem Alter und zumindest im wachen Zustand kontrollierbar sein müsste, also dem eigenen Willen unterliegt. Aber nein – es passiert.

Dazu ein paar Zahlen: 70% – 80% der einnässenden Kinder haben nachts mit ihrer Blasen-Kontrolle Probleme, ungefähr 20% sowohl am Tag als auch in der Nacht – und ungefähr 10% ausschließlich am Tag.

Bis vor wenigen Jahren kam es in der Praxis oft vor, dass alle tagnässenden Kinder „über einen Kamm geschoren“ wurden. So wurden „Tagnässer“ automatisch zu Inkontinenz-Patienten und so behandelt, als hätte ihre Blase strukturelle oder funktionelle Störungen.

Doch keineswegs alle Kinder, die am Tag einnässen, haben eine Inkontinenz, also Schwierigkeiten bei der Miktion.

Ihr Problem ist, dass sie ihre Blase völlig normal und meist auch ganz entleeren – nur eben zur falschen Zeit und am falschen Ort.

Die Wissenschaft hat festgestellt:

- Das Tagnässen ereignet sich nur ausnahmsweise bei voller Blase. Oft liegt die letzte Harnabgabe gar nicht so lange zurück.
- In solchen Fällen hängt das Einnässen also nicht von der Füllung der Blase ab, sondern von den Erlebnissen des Kindes, die dem Einnässzwischenfall oft wenige Minuten vorausgegangen sind.
- Negative Erlebnisse, Konflikte, Ärger, Kummer lösen hier die Harnabgabe aus – nicht eine volle Blase.
- In der Blase kommt das Kommando *„Harn lassen“* an – obwohl die Blasenwand gar nicht stark gedehnt ist, und obwohl das Kind sicher auch weder die Situation noch die Zeit oder den Ort für günstig hält.
- Die Bezeichnung Konflikt-Nässen scheint für das Tagnässen geeignet.

Hierher gehört das **Spieleifer-Nässen**. Sie kennen es bereits aus Kapitel 2. Es ist kein echtes Einnässen, nur ein zeitlich begrenztes Übergangsstadium auf dem Weg zur perfekten Blasen-Kontrolle. Es gehört für fast alle Kinder zum Trockenwerden dazu. Typisch ist, dass es immer nur dann passiert, wenn mitten im Spiel und in Phasen intensiver Aktivität der Harndrang so lange nicht beachtet wird, bis es einfach zu spät ist. Die Haltemanöver des Kindes, wie Trippeln auf der Stelle, Zusammenpressen

der Oberschenkel oder Sitz auf der Ferse, lassen den verspürten Harndrang der vollen Blase sichtbar werden.
Die Harnabgabe selbst ist unauffällig. Wir erleben hier den noch nicht perfekten Umgang mit der Blasen-Kontrolle, der aber nur wenige Wochen, bei manchen Kindern sogar nur wenige Tage andauert. Das Kind muss noch lernen, dass seine Blase auch dann, wenn es gerade besonders genussvoll mit anderen spielt oder etwas ganz Tolles macht, den Harn nicht länger halten kann als sonst auch. (Hält diese „nasse“ Situation mehrere Monate an und bleibt nicht auf intensive Spielphasen begrenzt, sollte man zur Sicherheit einen Kinderarzt aufsuchen, um eine Harn-Inkontinenz bei Miktionsaufschub ausschließen zu können.)
Das eigentliche **Tagnässen**, die Enuresis diurna, ist etwas anderes. Das Ergebnis – die nasse Hose, der Fleck auf dem Stuhl, die Pfütze auf dem Boden – ist zwar immer dasselbe, aber die Ursache ist nicht die volle Blase, sondern es sind Erlebnisse und Ereignisse, die das Einnässen auslösen.

Was ist Konflikt-Nässen?

Ein Protokollauszug aus dem Kindergarten:

- **Ulla** legt mit **Patrick** ein Puzzle. Das Puzzle ist fertig, Patrick steht auf und geht ins Freie. Ulla schaut ihm am Boden sitzend nach und löst ihre Schnürsenkel aus den Schuhen. Sie steht auf und geht zur Toilette. Sie kommt ins Gruppenzimmer zurück, sieht sich an der Tür stehend um und läuft auf eine Kindergärtnerin zu. *„Willst Du mir beim Knete-Einsammeln helfen?“*
  Ulla kratzt zusammen mit der Erzieherin Knetreste von den Schutzunterlagen. Die Erzieherin trägt die Knetreste hinaus. Ulla legt die Schutzunterlagen auf den Boden und ordnet sie nach Farben. Ulla steht auf, holt sich ein Buch und beginnt es anzuschauen. Ulla klappt das Buch zu. Sie legt sich mit dem Rücken auf den Boden, lutscht am rechten Daumen und dreht mit den Fingern der linken Hand Löckchen in ihr Haar.
  Die Kindergärtnerin kommt zu ihr, spricht sie an und liest ihr aus dem Buch vor. Ulla steht nach zwei Seiten auf und geht weg, ohne auf die Fragen der Erzieherin zu reagieren. Sie geht ins Freie und setzt sich zu Patrick, **Manuel** und **Philipp** in den Sand. Die zeigen ihr den Autotunnel und geben ihr ein Auto. Sie fährt ein Stück, legt das Auto beiseite und steht auf.
  Sie geht zur Schaukel und schaukelt, dann springt sie ab und läuft zu **Clara** und **Sven**, die über das Gras kriechen. *„Du kannst Dich hinten anschließen, wir sind eine Riesenschlange.“* Ulla geht nach hinten, kriecht hinter Clara und Sven her, lässt sich auf Sven fallen, der nicht reagiert. Ulla krabbelt nach vorn, stößt Clara zur Seite, tritt nach ihr und schreit: *„Ich bin der Kopf!“*.
  „Quatsch, Du bist doch doof, geh da weg, geh nach hinten!“ ruft Clara, und Sven schiebt Ulla weg.
  Sie schüttelt ihn ab, schimpft und rennt weg. Sie geht zur Fensterbank, setzt sich drauf und nuckelt am Daumen. Ulla lässt sich zu Boden gleiten, kauert dort und starrt ins Leere. Unter ihr auf dem Asphalt entsteht ein nasser Fleck. Sie bleibt gekauert sitzen, steht dann auf und geht ins Haus.

Viele Einnäss-Situationen laufen nach diesem Muster ab. Deshalb stelle ich Ihnen jetzt einen typischen Verlauf des Konflikt-Nässens verallgemeinert dar:
Sehr häufig geht dem Einnässen ein unruhiger Spiel- oder Aktivitätsverlauf voraus. Gar nicht selten ist das Kind sogar erst vor kurzem auf der Toilette gewesen oder hatte bereits schon einmal in die Hose gemacht. Aber dann kommt es zu einem Konflikt mit Freunden, Geschwistern, Eltern oder Erziehern – oder auch nur zu einer misslungenen Aktion. Wut, Kummer und Tränen sind die Folge. Das Kind wirkt unruhig, unterbricht seine bisherigen Aktivitäten und jeden Kontakt mit anderen. Es zieht sich zurück, verharrt oft irgendwo mit leerem Blick – und nässt in dieser selbstgewählten Isolation ein. So kommt es zum typischen Konflikt-Nässen – ein krasser Gegensatz zum Spieleifer-Nässen.

Was ist Spieleifer-Nässen?

Ein Protokollauszug aus dem Kindergarten:

- **Konrad** und **Melanie** frühstücken zusammen. Dann gehen sie zur Bücherecke und holen sich zwei Bücher und eine Praktikantin. Zu dritt schauen sie Bilderbücher an. In einem Bilderbuch sammeln Kinder Äpfel in einem Korb. Dadurch kommt Melanie auf die Idee, aus Knete Körbe mit Obst zu formen. Konrad holt die Knetunterlagen und die Knetdose. Die Kinder knieen sich auf ihre Stühle und beginnen zu kneten. Konrad wippt auf den Knien. Die Kinder unterhalten sich und erzählen immer wieder an der Bilderbuchgeschichte weiter. Konrad summt ein Lied vom Sommerfest. Abrupt unterbricht er das Lied, steigt vom Stuhl und schaut an sich hinunter. Er greift mit der Hand an die Innenseite des Oberschenkels und läuft zur Toilette. Nach einiger Zeit kommt er mit einer neuen Hose bekleidet zurück.

Wenn Sie diese beiden Kindergarten-Protokolle vergleichen, sehen Sie:
Spieleifer-Nässen ist etwas ganz anderes als Konflikt-Nässen.

Denn das Konflikt-Nässen hat immer eine spannungsreiche Vorgeschichte. Bei „Tagnässern“ genauso wie bei „Nachtnässern“.

- Beim Nachtnässen sind es die Ereignisse am Vortag
- Beim Tagnässen sind es die Vorkommnisse oft wenige Minuten vor dem Einnässen

Durch diese vorhergehenden Ereignisse kommen wir den besonderen Belastungen des Kindes auf die Spur. Und gerade diese „Vor-Belastungen“ sind es, die immer wieder zu diesen Einnäss-Zwischenfällen führen – oft nachts und häufig auch tagsüber.

Aber leider wird nicht jedes Tagnässen durch einen sofort und gut erkennbaren Konflikt ausgelöst – vor allem, wenn es schon lange andauert. Doch es gibt Situationen, die sich wiederholen – Situationen, die vor dem Einnässen darauf hinweisen, wo im Tagesablauf und im sozialen Miteinander Hürden für Ihr Kind liegen. Hürden, die Sie ihm ersparen oder ihm überwinden helfen können. Dann wird auch das Tagnässen seltener und hört mit der Zeit auf (mehr dazu in Kapitel 10).

Eins ist allerdings klar: Hier geht es nicht um organische Störungen. „Blase & Co“ müssen nicht mit Medikamenten behandelt werden.

Doch warum reagiert denn überhaupt die Blase mit einer Entleerung auf Belastungen oder Kummer, sei es am Tag oder in der Nacht? Warum sagt sie – in ihrer speziellen „Sprechblasen-Sprache“ – dass erst vor kurzem oder im Laufe des Tages etwas mächtig schief gelaufen ist?

Diese Fragen beantworten zu können, wäre doch prima. Die Antwort würde ja vielleicht auch folgendes Phänomen erklären: Längst nicht alle Menschen – noch nicht mal alle Kinder – machen in die Hose oder ins Bett, wenn's vorher Schwierigkeiten gab. Es sind zwar unter den Kindern relativ viele, die noch recht lange so reagieren. Aber – bezogen auf die Probleme, die wir Menschen so haben – sind ziemlich viele Menschen trocken.

Warum das so ist, das weiß noch niemand genau. Man glaubt jedoch inzwischen einige Voraussetzungen zu kennen, wie diese „Sprechblase“ ihren Ursprung nehmen könnte – also die Blase, die durch Harnlassen sagt, dass ihr am Vortag oder kurz vorher etwas nicht gepasst hat.

Ganz wesentlich scheint es – nach allem, was wir bisher über das Einnässen wissen – zu sein, dass es irgendwann in der Entwicklungsgeschichte auf irgendeine Weise zu einer Verbindung zwischen Kummer und Harnabgabe gekommen sein muss. Und zwar durch einen Lernprozess. Wir wissen nämlich aus der Lernpsychologie, dass besonders *die* Lernprozesse am stabilsten sind, die belohnt werden – auf deren Durchführung hin etwas passiert, was wir als Belohnung, als gut, angenehm oder beruhigend empfinden.

Aber wie kann dann die Verbindung zwischen Kummer und Harnabgabe entstehen? Harnabgabe führt ja eigentlich nicht zu einer Belohnung. Oder doch? Ja, vielleicht muss die Verbindung nur durch etwas Belohnendes gefestigt wor-

den sein. Harnabgaben müssen im Verlauf der Entwicklungsgeschichte mehrmals – nicht nur einmal – Kummer beseitigt haben. Es wurde also gelernt: Eine Harnabgabe schafft Kummer weg und Wohlgefühl herbei.
Spätestens jetzt höre ich viele von Ihnen rufen: *„Was soll denn das heißen? Das Einnässen schafft doch gerade Kummer und höchstes Unwohlsein! Wenn es überhaupt etwas nach sich zieht, dann Ärger oder Strafe – aber doch nie eine Belohnung!“*
Halt, darf ich Sie noch ganz kurz bremsen? Sie sprechen mit Recht von der Situation heute – vom einnässenden Kind mit sechs, sieben, acht oder noch mehr Jahren. Da haben Sie sicher recht. Jetzt greift die Sache nicht mehr so richtig, doch das muss irgendwann mal anders gewesen sein.
Ich will versuchen, Ihnen ganz kurz die Entstehungsgeschichte des Ganzen darzustellen. Die liegt nämlich viel weiter zurück. Und sie verlief unter ganz anderen Bedingungen als das Einnässen eines dafür inzwischen zu großen Kindes.
Werfen wir zum besseren Verstehen einen Blick zurück (ausführlich in Kapitel 1): Ein Säugling hat 20 bis 30 Harnabgaben am Tag. Schon rein rechnerisch wird es ganz häufig so sein, dass auf das Pinkeln des Kindes zufällig ein Wickeln der Eltern folgte. Nun ist das Wickeln ja ein intensiver Pflegeakt mit vielen Möglichkeiten zum Blickkontakt zwischen Mutter und Kind oder Vater und Kind. Das Wickeln mit seinem ganzen Beiprogramm bietet auch optimale Möglichkeiten zum Schmusen und Anschmiegen – eine Zeit zärtlichen Körperkontakts. Alleinsein, Langeweile, Unruhe, Unwohlsein sind plötzlich wie weggeblasen.

Die wesentlichen Voraussetzungen für diesen speziellen Verknüpfungsprozess (Kummer – Harnlassen – Zuwendung bekommen) sind unter gewissen Umständen bereits gegeben – und zwar, …

- wenn ein Säugling etwa besonders viel Zuwendung braucht, viel mehr, öfter und länger als seine Geschwister (solche Kinder gibt es, gerade unter den einnässenden – wir nennen sie die Sensiblen)

- wenn ein Säugling – aus welchen Gründen auch immer, vielleicht aus Unwissenheit oder Stress – tatsächlich zu wenig Zuwendung erhält.
- wenn alle Zuwendung zu stark, ja fast ausschließlich auf die Zeit während des Wickelns konzentriert ist.

Sobald beim Kind der Wunsch nach Zuwendung groß ist – was bei Kummer immer der Fall ist – wird unbewusst die Harnabgabe ausgelöst, weil auf sie „erfahrungsgemäß" Zuwendung folgt – und genau diese ja vom Kind in genau dieser Situation gebraucht wird.

Unter normalen Bedingungen ist es sehr vernünftig und ausgesprochen sinnvoll, sein Verhalten aufgrund gemachter Erfahrungen zu verändern. Darauf basiert ja unsere ganze Pädagogik. Doch kann es dabei auch „Pannen" geben, so dass ein „ganz verrücktes Lernergebnis" zustande kommt. Wir kennen das: Wird ein Säugling, immer wenn er schreit, gestillt oder gefüttert – egal, ob er Hunger hat, sich einsam fühlt, Angst oder Langeweile hat – dann kann er lernen, später mal jedes unwohle Gefühl mit Nahrungsaufnahme zu beantworten. Dass es noch andere Möglichkeiten gibt, hat er nämlich nicht gelernt.

Genau diese Zusammenhänge vermutet man auch beim einnässenden Kind. Da – aus welchen individuellen Gründen des Kindes oder seiner Eltern auch immer – sein starker Wunsch nach Zuwendung nicht auf dem üblichen Wege direkt befriedigt wird, lernt das Kind, wie es über einen Umweg (das Pinkeln) dennoch Zuwendung erhält.

So hat ein einnässendes Kind auf den ersten Blick zwar ein falsches Verhalten gelernt, nämlich nach Belastungen und Kummer einzunässen. Doch sobald man die Anfänge seiner Lernphase mitberücksichtigt, hat es tatsächlich einmal die Harnabgabe als eine recht regelmäßig mit Zuwendung belohnte Aktivität kennen gelernt und setzt sie nun – natürlich unbewusst – ein.

Im Sinne von „Besser so Zuwendung holen als gar nicht" wird ein ursprünglich nicht dafür vorgesehener Weg zur Kummer-Beseitigung eingeschlagen. Das klappt deshalb, weil dieser Weg anfangs die begehrte Zuwendung gebracht hat.

Je älter ein Kind wird, umso negativer empfindet es die Begleiterscheinungen des Einnässens. Der Kummer wird stärker, das Bedürfnis nach Zuwendung wird größer – und schon wird wieder eingenässt. Und zwar, um Zuwendung zu bekommen. Entweder nachts, wenn sich im Schlaf die Spannung des Tages löst – oder tagsüber, wenn der Ärger über die Situation nachgelassen hat und das Kind jetzt Trost braucht.

Und was passiert jetzt? Diese Verknüpfung (Kummer – Harnlassen – Zuwendung) hat zur Folge, dass der Kummer zwar – wie bei allen Kindern – den Wunsch verstärkt, dass eine geliebte Person als Retter zur Stelle ist, dass er aber gleichzeitig das Kommando gibt, die Blase zu entleeren. Und die Blase ist leider oft schneller leer, als die Zuwendung da ist.

Das heißt: Sie als Eltern müssen das Schema „Kummer – Pinkeln – Zuwendung“ einfach durchbrechen und ein neues Prinzip einführen: „Kummer – Zuwendung – kein Pinkeln“.

Entsinnen Sie sich noch an Kapitel 5, in dem wir uns gefragt haben, wer denn eigentlich bei der ganzen Sache nicht oder noch nicht richtig funktioniert?

An die Nieren, die Blase, die ableitenden Harnwege, die versorgende Muskulatur, die Kommandozentrale im Gehirn und den Willen des Kindes haben wir gedacht und sie für mögliche „Täter“ gehalten. Aber wir haben nicht daran gedacht, dass Kummer-Situationen den starken Wunsch nach Zuwendung und Hilfe auslösen können, der dann ohne jede „Befugnis“ das Kommando zur Harnabgabe am falschen Ort und zur falschen Zeit gibt. Nur, weil das Kind ganz früher mal erfahren hatte, dass auf Harnabgabe hin recht oft und recht zuverlässig jemand kam, der durch sein liebevolles Verhalten jeden Kummer wegzauberte – das Alleinsein, das Nassliegen, das Hungrigsein, das Angsthaben und das Langeweilehaben.

Diese alte Erfahrung – und zu wenige neuartige, gute Erfahrungen bei Kummer – lassen den Wunsch nach Zuwendung und Hilfe in Not immer noch das falsche Notsignal verwenden. Selbst wenn es schon lange nicht mehr funktioniert – wenn nämlich das Pinkeln keine liebevolle Zuwendung mehr auslöst, sondern nur noch „Zoff“.

Vor diesem Hintergrund wird auch verständlich, warum das Problem „Einnässen“ gerade in schlechten Waisenhäusern und Heimen überdurchschnittlich häufig auftrat.

Für diese Überlegung sprechen auch die folgenden Beobachtungen:

- Beim Älterwerden – also beim vollständigen Ausreifen aller Funktionen der kontrollierten Harnabgabe – darf jetzt nicht mehr „irgendjemand“, auch nicht der Wunsch nach Zuwendung, einfach in die Aufgaben der Kommandobrücke reinpfuschen (das Einnässen hört irgendwann spontan auf).
- Mit Erreichen der Pubertät endet das Einnässen meist fast schlagartig. Unter den Menschen über 16 Jahren nässen weniger als 1% ein. Spätestens in diesem Alter haben junge Menschen vielfältige Möglichkeiten gefunden, ihren Wunsch nach Zuwendung und Anerkennung notfalls auch „außer Haus“ bei Freunden zu befriedigen. Neue gut funktionierende Erfahrungen lassen das inzwischen uralte Notsignal endlich unnötig werden.
- Schon lange vor den Pubertäts-Erfahrungen wird dieser „alte, nasse Umweg, Zuwendung zu erhalten“ nicht oder viel weniger benutzt – und zwar an Tagen, an denen das Kind nicht auf Zuwendung warten muss und mit seinem Kummer nicht alleingelassen wird, sondern sofort Schmuser, Helfer, Bestätiger oder Freunde da sind.
- Das Notsignal „Pinkeln“ verliert seine Bedeutung immer mehr und wird schließlich nicht mehr eingesetzt – und zwar, sobald die Eltern dieses falsche Notsignal nicht mehr beachten und stattdessen in Belastungs-Situationen auf alle echten Signale für das Bedürfnis nach Zuwendung, Kontakt und Hilfe achten und entsprechend reagieren.

Kapitel 6: Das Wichtigste in Kürze

- Das Einnässen in der Nacht, aber auch das Tagnässen stehen in einem engen Zusammenhang mit dem Erleben und Befinden des Kindes.
- Auf „Belastungstage“ folgen meist nasse Nächte, auf „Normaltage“ überwiegend trockene Nächte.
- Mit Ihrem persönlichen „Einnässkalender“ finden Sie heraus, was Ihr Kind als Belastung empfindet und auf welche Belastungen seine Blase mit Einnässen reagiert.
- „Tagnässen“ und „Nachtnässen“ haben gemeinsam, dass die Blase auf vorherige Konflikte reagiert:
  - Einer nassen Nacht geht in den meisten Fällen ein belastungsreicher Tag voraus
  - Es sind oft Auseinandersetzungen und Konflikte, die tagsüber zu einer nassen Hose führen. Viel seltener ist eine volle Blase der Grund.
- Im Gegensatz zum Konflikt-Nässen ist das Spieleifer-Nässen kein echtes Einnässen. Es gehört zum Sauberwerden dazu.

7

Licht ins Einnäss-Dunkel bringen

In diesem Kapitel erfahren Sie, ...

- warum es bei Kindern mit Enuresis wenig nützt, mit der Blase zu arbeiten
- warum Wecken und Trinkverbot eher schaden
- warum – falls Sie schon alles versucht haben – das Richtige wahrscheinlich nicht dabei war
- warum Vererbung nicht Schicksal bedeutet
- dass Ihr Kind weder aus Gleichgültigkeit, noch aus Trotz oder gar aus Bösartigkeit einnässt

Warum sage ich Ihnen das?

Eins meiner Hobbys ist es, die in den vergangenen Jahrhunderten vermuteten Einnässursachen und die jeweiligen Behandlungen gegen das Einnässen zu sammeln. Damit will ich Ihnen zeigen, wieviel Aberglaube dabei früher im Spiel war – und oft heute noch ist. Und Sie sollen sehen, zu welchen abwegigen Maßnahmen Eltern greifen, wenn sie vor lauter Verzweiflung nicht mehr ein noch aus wissen.

Auch unter den verschiedenen Fachdisziplinen, die Einnässen untersuchen und behandeln, hat es Jahre gedauert, bis man sich auf ein einigermaßen einheitliches Vorgehen geeinigt hat. Der größte Schritt nach vorn war sicher getan, als eine klare Trennlinie zwischen dem Einnässen mit normaler, vollständiger Blasenentleerung (Enuresis) und dem Einnässen aufgrund einer nicht normalen Blasenentleerung (funktionelle oder organische Inkontinenz) gezogen wurde.

Doch immer noch werden blasenorientierte Therapien empfohlen, wenn eine Inkontinenz längst ausgeschlossen wurde. Dass sie dem Enuretiker-Kind nicht weiterhelfen, wird verständlich, wenn man bedenkt, dass seine Blase keine der „Fehler" aufweist, die hier behandelt werden.

Wahre Schauermärchen: Einnässbehandlungen vom alten Rom bis heute

Hier eine kleine Kostprobe: Im antiken Rom versuchte man das Bettnässen durch die Verabreichung gekochter Mäuse zu kurieren. Einige Jahrhunderte später sollte die Einnahme von Zecken zusammen mit dem Urin beschnittener Schweine das Bettnässen abwenden – oder das Trinken des Suds ausgekochter Vogelnester oder das Einatmen des Rauchs verbrannter Mäuseschwänze.
In vielen Regionen Deutschlands ließ man Bettnässer in das offene Grab eines Verwandten pinkeln, am besten um Mitternacht. Oder man brachte (eindeutig nachgewiesen bis in die 1970er Jahre!) einnässende Kinder bei Vollmond nachts auf den Friedhof und holte sie erst nach einer Stunde des Alleinseins dort wieder ab (bis dahin hat sich wahrscheinlich jedes Kind längst vor Angst in die Hose gemacht).
Auch in den christlichen Gottesdienst sind Bettnässer-Rituale bis zum heutigen Tag eingebaut. Aus Baden ist bekannt, dass der Bettnässer noch in der Nachkriegszeit während der Wandlung in der Christmette seinen Fehler laut in die Kirche hineinrufen und wiederum laut alle Anwesenden um ihre Fürbitte beim Heiligen Veit anflehen musste, dem oft mit einem Töpfchen abgebildeten Patron der Bettnässer.
In der Schweiz waren Umzüge lärmender und vermummter Bettnässer beim Weihnachtsgottesdienst die Regel. Dort steht auch ein „Bettsaierchäppili“, eine Kapelle, in der noch heute speziell für Bettnässer gebetet wird und Dankesbriefe die Wände zieren.
Manche familiären „Einnässbeseitigungs-Versuche“, die ich in meiner Beratung kennen gelernt habe, sind gar nicht so weit von all dem entfernt.

Hier einige Beispiele:

- Bei einem Bettnässer durften keine Blumenvasen und kein Aquarium im Zimmer stehen, weil „Wasser Wasser anzieht“

- Einige Kinder mussten tagsüber die nasse Hose von nachts tragen, um sich „daran“ zu erinnern
- Ein Kind musste den ganzen nächsten Tag mit nacktem Hintern durch die Wohnung laufen, um sich besser auf das Pinkeln konzentrieren zu können
- Die nasse Matratze wurde zur Straße hin ans Fenster gestellt, damit Passanten sie sehen konnten – nach dem Motto: *„Nur Scham bereitet dem Einnässen ein Ende“*
- Mehrere Kinder mussten vor allem Brot, Bisquit, Kartoffeln und trockenes Hühnerfleisch essen, damit die Nahrung die Flüssigkeit aus dem Körper aufnehmen konnte
- In manchen Familien darf abends kein Fisch gegessen werden, *„weil der ja nachts schwimmen will“*
- Ein durch einen Matratzenkeil hochgestelltes Fußteil im Bett sollte in vielen Familien das Auslaufen der Blase verhindern
- Trockenerbsen unter dem Leintuch hatten die Aufgabe, das Kind auszutrocknen
- Eine Bürste im Bett sollte Tiefschlaf verhindern
- Ein Kind musste am Abend Kaffee trinken, um nicht zu fest zu schlafen und den Harndrang nicht zu verpassen
- Mit zwei Kindern wurde beim Zubettgehen nicht mehr gesprochen, damit sich ihre Blase nicht angesprochen fühlt
- Ein Pflaster auf der Öffnung der Harnröhre sollte das Einnässen verhindern

So abenteuerlich diese Beispiele klingen – so deutlich machen sie aber auch, wie ratlos und verzweifelt Eltern oft sein müssen, dass sie zu solchen Mitteln greifen.
Eins meiner Anliegen ist, das Kind von all dem Aberglauben und den Märchen zu befreien, die sich um sein Einnässen ranken. Und dazu gehört nicht zuletzt, die mehr oder weniger gut in Therapiemäntelchen versteckten Bestrafungen zu entlarven, die das ohnehin schon schlimme Einnässen zu einer noch größeren Belastung für das Kind werden lassen.

Gesammelte Blasen-Märchen

Nächtliches Wecken und abendliches Trinkverbot sind leider immer noch die gängigsten Versuche, das Einnässen abzustellen. Jede Familie, die bisher zu mir in die Beratung gekommen ist, hat vorher mindestens eine dieser beiden Maßnahmen versucht. Ohne Ausnahme, mitunter jahrelang.
Das ist nachvollziehbar, da Wecken und Trinkverbot jahrzehntelang die angeblich guten Geister waren, die einem Kind helfen, trocken zu werden. Heute sind sie mit Recht in Verruf gekommen. Therapie-Bilanzen weisen eindeutig nach, dass sie bei Kindern mit Enuresis ohne Erfolg sind, weil fehl am Platz. Die Erkenntnis geht sogar noch weiter: Können sich Eltern durchringen, auf nächtliches Wecken und Trinkkontrolle zu verzichten, wird immer wieder beobachtet, dass einige Kinder plötzlich nicht mehr jede Nacht einnässen, das Einnässen insgesamt weniger wird. In Einzelfällen kann es sogar ganz vorbei sein. Der Grund für all diese Veränderungen: Eine große Belastung wurde aus dem Familienleben genommen.
Licht ins Einnäss-Dunkel bringen, ist deshalb so wichtig, weil falsche Hilfe gefährlich ist und zu lange echte Ansatzstellen für Hilfe verdeckt. Das Absetzen nicht-effektiver Behandlungsversuche fällt den Eltern zwar anfangs schwer, weil sie befürchten, nun jede Einflussmöglichkeit auf das Einnässen verloren zu haben. Doch das Gegenteil ist der Fall. Ist der Schritt erst einmal getan, wirkt er auf alle befreiend. Denn plötzlich entsteht Freiraum, sich wieder mehr den tatsächlichen Einnässursachen zuzuwenden. Warum könnte es heute Nacht schief gegangen sein? Warum ist heute die Hose dauernd nass? Hilfe bei der Antwort bietet Kapitel 10.
Wie entstand die Vorstellung, dass nächtliches Wecken und abendliches Trinkverbot eine Enuresis beseitigen könnte?
In vielen Gesprächen über das Einnässen werden Sie immer noch der Vorstellung begegnen, dass einnässende Kinder ganz einfach eine zu kleine Blase hätten, und dass deren geringe Speicherkapazität der Grund für den unkontrollierten Harnabgang sei. *„Die Blase läuft über, weil sie zu wenig Flüssigkeit aufnehmen kann“*, bekommen Sie als Erklärung genannt.

Das aber stimmt ganz einfach nicht. Zu kleine Blasen gibt es nicht. Die Blasen einnässender Kinder sind im Durchschnitt nicht kleiner als Blasen nicht einnässender Kinder. In der Gruppe der „nassen" Kinder gibt es die gleiche Verteilung von großen, mittleren und kleinen Blasen wie in der Gruppe der „trockenen" Kinder. Eine für sein Alter große oder kleine Blase zu haben, ist nicht der Grund einzunässen und genau so wenig der Grund, nicht einzunässen.

Dass die Blasengröße unwesentlich ist, sehen Sie allein schon daran, dass das Einnässen meist gar nicht dann passiert, wenn die Blase voll ist. Einnässen bei voller Blase ist sogar eher die Ausnahme. Das „Überlaufen" der vollen Blase ist eher für kleine Kinder typisch, bei denen die Blasen-Kontrolle noch nicht perfekt ausgereift ist. Solchen Kindern passiert es beim Spielen dann schon mal, dass sie vor lauter Spielbegeisterung das Signal Harndrang zu wenig beachten (Spieleifer-Nässen) und ihre Blase dann irgendwann tatsächlich überläuft.

Im Gegensatz dazu ist der Zeitpunkt für das Einnässen eines fünf oder sechs Jahre alten oder noch älteren Kindes oft ganz unabhängig von der momentanen Füllung der Blase. Selbst mit nur wenigen Tropfen – kurz nach einem Toilettengang oder sogar kurz nach dem letzten Einnässen – kann es erneut zu einem nassen Zwischenfall kommen.

Eine – auf welchem Wege auch immer – versuchte Vergrößerung der Blasenkapazität, zum Beispiel durch Medikamente, Blasenstretching oder Verminderung der Blasenfüllmenge (durch Trinkverbot und nächtliches Wecken) kann das Einnässproblem nicht lösen. Diese Maßnahmen können nur eins: die Alltagsprobleme für das Kind noch vergrößern. Denn auch Kinder mit großen Blasen nässen ein, wie auch Kinder mit kaum gefüllter Blase – und zwar immer dann, wenn sie Gründe zum Einnässen haben.

Nächtliches Wecken und Trinkverbot halten sich hartnäckig, obwohl heute fast alle Kinderärzte davon abraten.

Vor allem die ältere Generation der Großmütter und Schwiegermütter rät weiter zu Wecken und Flüssigkeits-Kontrolle – übrigens auch schon als Unterstützung beim Sauberwerden mit ein oder zwei Jahren, wo diese Maßnahmen mindestens genauso unangebracht sind wie später.

Ohne den Großmüttern und Schwiegermüttern zu nahe treten zu wollen, ohne ihre Verdienste bei der Betreuung ihrer Enkel schmälern zu wollen, muss ich ganz sachlich feststellen: Solche (gut gemeinten) Ratschläge haben einen negativen Einfluss auf die Sauberkeits-Erziehung junger Familien.

Im Kapitel 3 haben Sie erfahren, dass unter den Kindern mit massiven Einnässproblemen überdurchschnittlich viele sind, mit denen besonders früh eine Sauberkeits-Erziehung (mit Wecken und Flüssigkeits-Kontrolle) versucht worden ist. Weitere Untersuchungen ergaben, dass für den frühen Starttermin und für diese speziellen Methoden der Sauberkeits-Erziehung in über 70% der Fälle der Einfluss der Großmütter verantwortlich ist.

Die Wissenschaft hat festgestellt:

- Über 80% der nächtlichen Einnässvorfälle ereignen sich in den ersten Stunden nach dem Zubettgehen und somit vor Mitternacht. 70% passieren bereits innerhalb der ersten zwei Stunden im Bett, wenn sich die Blase seit dem letzten Toilettengang noch gar nicht wieder gefüllt haben kann.
- Oder noch auffälliger beim Konfliktnässen am Tag: Hier können die Einnässereignisse weniger als eine Stunde auseinanderliegen, machmal sogar im Halb-Stunden-Rhythmus erfolgen – und soviel Urin (bzw. so wenig) muss selbst die kleinste Blase fassen.

Mit Wecken und Trinkverbot glaubt man, am System drehen zu können, „Mutter Natur“ selbst überlisten zu können, bevor man zum Arzt geht oder sonstige Hilfe sucht. Der Leitgedanke dabei ist die Vorstellung, dass eine durch Flüssigkeit weniger belastete Blase auch weniger Fehler machen kann. Wecken und Flüssigkeits-Einschränkung sind dann die Maßnahmen, mit denen die angeblich „überforderte“ Blase entlastet werden soll.

Flüssigkeits-Einschränkung in den Nachmittags-Stunden, Trinkverbot am Abend, abendliches Wecken, nächtliches Abhalten nützen nichts gegen Einnässen. Sie schaden nur – und zwar auf vielfältige Weise.

Die Maßnahmen ...	**... und ihre Folgen**
• Flüssigkeits-Einschränkung in den Nachmittags-Stunden • Trinkverbot am Abend	• Das Kind fühlt sich dauernd beobachtet und kontrolliert • Es leidet unter Durst • Es fühlt sich ungerecht behandelt und bestraft • Es hat, besonders im Sommer und bei körperlicher Aktivität, schnell Flüssigkeits-Mangel – und das gefährdet seine Gesundheit • Es wird gezwungen, seine Eltern zu hintergehen • Es versteht das Trinkverbot als Zuwendungs-Entzug • Seine Belastungen werden verstärkt – und damit das Einnässen nur noch gefördert
• Abendliches Wecken • Nächtliches Wecken	• Der kindliche Schlaf-Rhythmus wird gestört • Das Kind schläft bei mehrmaligem Wecken pro Nacht immer schlechter, ihm ist nachts übel, und morgens ist es unausgeschlafen • Bei regelmäßigem Wecken wird ein nächtlicher Harnabgabe-Zeitpunkt andressiert – ins Klo, aber genauso gut ins Bett • Beim Abhalten im Schlaf wird Einnässen ohne Aufwachen angelernt

Kennen Sie diese Situationen?

- *„Ich verstehe die Welt nicht mehr! Seit Wochen führe ich Buch über die Trinkmenge von* ***Ellen****. Jeden Tag ab 14 Uhr. Ich habe gelernt, welche Salate und Obstsorten die geringste Flüssigkeitsmenge haben. Zum Abendessen bekommt Ellen ein Likörgläschen voll Sprudel, und beim Zähneputzen im Bad bin ich immer rein zufällig dabei, damit sie nicht heimlich aus dem Wasserhahn trinken kann. Aber jede Nacht ist sie nass. Jetzt war ich mit meinem Mann für drei Tage auf der Messe, und eine Freundin von mir hat Ellen versorgt. Die hat mir allerdings erklärt, sie betreue Ellen gern, aber den Regenzauber mache sie nicht mit. Da könne sie nichts Gutes dran finden. Und die Moral von der Geschicht': Ellen war alle drei Nächte trocken. Bei uns jetzt übrigens auch schon fast vier Nächte pro Woche – und das bereits über einen Monat, mit einer Flasche Sprudel am Bett. Wir sind geheilt worden. Gott sei Dank war es noch nicht zu spät".*

- *„Seit wir in den Ferien bei der Oma waren und die uns ins Gewissen geredet hat, wecken wir* ***Thorsten*** *jeden Abend, bevor wir ins Bett gehen. Das ist so gegen 22:30 Uhr. Thorsten schläft dann schon seit über zwei Stunden. Am Anfang haben wir ihn immer geweckt und zum Klo geführt, doch er hat ein Mordstheater gemacht, sich sogar zweimal wegen seiner Aufregung übergeben müssen. Jetzt lassen wir ihn schlafen. Mein Mann trägt ihn ins Bad und setzt ihn schlafend aufs Klo. Meistens kommt was. Morgens ist er trotzdem meist nass. Wir haben festgestellt, dass immer, wenn wir Gäste haben oder selbst erst später heimkommen oder ein guter Film etwas länger geht, wir also später als üblich ins Bett gehen, er dann immer schon ins Bett gemacht hat, offensichtlich ganz pünktlich."*

Oft fällt es uns leichter, an Beispielen anderer – mit Abstand sozusagen – Auffälligkeiten zu entdecken, auf die wir im eigenen Bereich erst später, erst auf Anregung von außen stoßen. Niemand würde den Unterschenkel eingipsen, wenn der Oberarm gebrochen ist. Doch bei der Enuresis verhalten wir uns genau so: Wir doktern an der völlig gesunden Blase rum und ignorieren deutli-

che Zusammenhänge zwischen dem Einnässen und dem Erleben und Verarbeiten eines Kindes.
Strenge und schon gesundheitsschädliche Trinkverbote und für alle gleichermaßen mörderische Weckrhythmen können sich in der verzweifelten Situation einer Familie mit einem einnässenden Kind erschreckend lange halten.
Da kommt man nur raus, wenn man den Mut hat, mal völlig neu über die Sache nachzudenken, sich einzugestehen, dass die ganzen Maßnahmen nichts nützen, eher sogar schaden. Wer es schafft, sich davon frei zu machen, kann neu zu denken beginnen.

- *„Aber dann gibt es doch gar nichts mehr, was wir tun können. Wir können doch nicht dabeistehen, die Hände in den Schoß legen und auf die Pubertät hoffen, in der angeblich sogar das schlimmste Einnässen aufhören soll.“*

Das sollen Sie auch nicht, Kapitel 5 hat Ihnen bereits den richtigen Weg vorskizziert – und Kapitel 10 wird Ihnen Ihren neuen, jetzt erfolgreichen Einsatz genau erklären.

Geschichten von Genen, Hormonen und zu tiefem Schlaf – was ist dran?

Kann das Einnässen auch genetisch bedingt sein, also „vererbt“? Das fragen sich in den letzten Jahren immer mehr Eltern. Sie kommen auf das Thema, weil in der nahen Verwandtschaft oft mehrere Kinder einnässen oder Vertreter der älteren Generationen nach eigenen Angaben auch eingenässt haben. Oder weil sie in Veröffentlichungen lesen, dass man bei 60-80% der einnässenden Kinder ehemals oder gerade aktuell einnässende Verwandte ersten Grades (Eltern und Geschwister) finden kann.
Was heißt das? Vor allem, was bedeutet das für ein einnässendes Kind und für seine Prognose trocken zu werden?

Wichtig: Nur für das nächtliche Einnässen, und zwar seit Geburt (primäre Enuresis nocturna), wird eine genetische Basis immer wahrscheinlicher. Sie erklärt die hohe familiäre Belastung beim Bettnässen.

Auch wichtig: Selbst bei einer familiären Veranlagung gibt es viele Kinder in der Familie, die nicht einnässen.

Das Bettnässen wird nicht als solches vererbt. Es gibt auch kein Enuresis-Gen, das man identifizieren könnte. Die Sache ist weit komplizierter, doch können inzwischen durch die neuen genetischen Erkenntnisse viele Ungereimtheiten besser verstanden werden. Vererbt wird eine durch Gene bedingte funktionelle Unreife des Zentralnervensystems. Es handelt sich also um eine angeborene Reifungsverzögerung. Sie zeigt sich an verschiedenen kleineren Auffälligkeiten auf neuronaler, physiologischer und hormoneller Ebene, die auch noch nicht alle erkannt sind und nur zum Teil mit dem Einnässen zu tun haben.

An der verspäteten nächtlichen Blasen-Kontrolle sind mehrere Aspekte dieser Reifungsverzögerung beteiligt:

- Die sie auslösende Gen-Konstellation
- Eine noch unreife Ausschüttung des antidiuretischen Hormons (ADH). Dieses Hormon hat unter anderem die Aufgabe, den Wasserhaushalt im Körper tagsüber und nachts auf unterschiedlichem Niveau zu regulieren. Liegt die angeborene Reifungsverzögerung vor, ist dieses Hormon nachts in zu geringer Konzentration vorhanden und senkt dadurch die nächtliche Urinproduktion nicht ab
- Eine schwere Weckbarkeit des schlafenden Kindes und eine fehlende Wahrnehmung der Blasenfüllung im Schlaf

Und was meint der Kinderarzt damit, wenn er von einer fehlerhaften Sekretion des antidiuretischen Hormons spricht?

- Das antidiuretische Hormon, abgekürzt ADH oder auch Vasopressin genannt, wird von einer Hormondrüse im Gehirn, der Hypophyse, gebildet.
- Normalerweise, bei einem ausgereiften Hormonhaushalt, wird nachts mehr ADH produziert als tagsüber. Dieser Tag-Nacht-Rhythmus hängt mit der Aufgabe zusammen, nachts die Urin-Produktion abzusenken.
- Bei einem kleinen Teil der einnässenden Kinder wird von der Hypophyse zu wenig ADH ausgeschüttet, um die nächtliche Urin-Produktion zu drosseln. Die Blase läuft also mehrmals voll – und falls das Kind nicht aufwacht und die Toilette aufsucht, geht alles ins Bett.
- Ein künstlich hergestellter Ersatzstoff für das ADH (Desmopressin) kann hier abhelfen. Er wird kurz vor dem Schlafengehen in die Nase gesprüht und normalisiert für etwa acht Stunden den Hormonspiegel, so dass die nächtliche Urinproduktion abgesenkt wird.

Diese drei Aspekte wurden lange jeweils einzeln als direkte Ursachen für das Einnässen gehandelt, konnten aber nicht nachgewiesen werden. Die Entdeckung ihres Zusammenspiels in Form einer funktionellen Unreife erklärt vieles, was bislang nicht zuzuordnen war.

„Wenn's die Gene sind, ist nichts zu machen." Hier haben wir eine Eltern-Angst vor uns, manchmal auch ein Alibi, nichts gegen das Einnässen unternehmen zu können (zu müssen). Wir wissen heute, dass die individuelle Entwicklungs- und Reifungsgeschwindigkeit, auch die des Harnabgabe-Systems, vererbt wird. Wahrscheinlich auch die Erregbarkeit durch körpereigene Signale, wie zum Beispiel durch den Harndrang.
In diesem Zusammenhang wird auch vermutet, dass Kinder mit einer genetisch bedingten Neigung einzunässen auf seelische Konflikte und Belastungen bevorzugt mit Einnässen reagieren. Doch auch das wäre kein unabdingbares Schicksal. Selbst wenn es eine genetische Veranlagung gibt, auf Belastungen und seelische Konflikte mit Einnässen zu reagieren, so kann dennoch etwas gegen Konflikte und Belastungen unternommen wer-

den. Es können Strategien zu ihrer Überwindung erlernt werden, so dass es nicht zum Einnässen kommen muss.

Ich sehe in der einschlägigen Vorgeschichte der Eltern eine viel größere Einnässgefahr auf die Kinder zukommen, als sie das genetische Risiko allein darstellt. Eltern, von denen einer oder beide in ihrer Kindheit und Jugend selbst Einnässer waren, fallen durch ein ganz charakteristisches Verhalten auf. Ihre eigene Leidensgeschichte bringt oft zwei extreme Erziehungs-Konsequenzen mit sich, beide – trotz aller Gegensätzlichkeit – mit dem gemeinsamen Ziel, ihrem Kind die früher am eigenen Körper erfahrene Pein zu ersparen.

- Das Präparat kann nur ganz gesunden Kindern gegeben werden. Eine sorgfältige Voruntersuchung ist nötig. Die Verabreichung in Form eines Nasensprays und die Aufnahme der wirksamen Substanzen über die Nasenschleimhaut schließen Kinder mit chronischen Erkältungskrankheiten oder Schleimhaut-Allergien aus.

Entweder: Die Kinder erfahren überhaupt keine Sauberkeits-Erziehung, auch keine Anregungen oder Nachahmungs-Möglichkeiten, um ja nicht „die schlimme Dressur und Tortur, die ihre Eltern erlitten haben“, erleben zu müssen. Bei allem Verständnis für dieses Verhalten droht hier ein Erfahrungs-Entzug in Sachen zwanglose Toiletten-Benutzung.

Oder: Die andere extreme Erziehungshaltung ist dadurch gekennzeichnet, dass die durch ihre Vorgeschichte tief verunsicherten Eltern mit ihren Kindern möglichst früh, möglichst konsequent und oft äußerst rigide Sauberkeit einstudieren wollen. Alles, um ja nicht die bei ihren Eltern vermuteten Erziehungsfehler in Form von Versäumnissen, Nachlässigkeiten oder Verwöhnung zu wiederholen. Hier droht die bereits erwähnte Erhöhung des Einnässrisikos durch fehlerhafte und belastende Sauberkeits-Erziehung.

„Die Hormone sind an allem schuld.“ Nicht ganz, aber fast – aber nur bei einigen wenigen Kindern. Indirekt, über die genetisch bedingte funktionelle Unreife, ist aufgrund eines Hormonfehlers die nächtliche Urinproduktion nicht abgesenkt. Das trifft auf eine sehr kleine Gruppe unter den nächtlichen Einnässern zu, die durch eine spezifische Untersuchung beim Kinderarzt schnell zu identifizieren ist.

Ein Hinweis: Kinder, die mit dem antidiuretischen Hormon Schwierigkeiten haben, können nur in der Gruppe *der* Einnässer versteckt sein, die jede Nacht bei voller Blase einnässen und tagsüber immer trocken sind.

Für alle einnässenden Kinder und für einen langfristigen Einsatz ist ein solches Medikament mit Sicherheit nicht geeignet. Empfehlenswert ist es, wenn einige trockene Nächte für das Kind und sein Selbstbewusstsein wichtig sind – zum Beispiel für problemlose Außerhaus-Übernachtungen, angstfreie Landschulheim-Aufenthalte oder ähnliche Unternehmungen frei von Sorgen.

„Wer zu tief schläft, der macht ins Bett“. Tiefer Schlaf ist kein Einnäss-Grund. Trotzdem beherrschten lange Zeit zwei „Tiefschlaf-Hypothesen“ die Einnäss-Diskussion:

- Die erste ging davon aus, der zu tiefe Schlaf sei daran schuld, dass das Kind einnässt
- Die zweite argumentierte, dass erst die Enuresis das Kind so extrem tief schlafen lasse.

Doch schon vor 20 Jahren – und inzwischen immer wieder bestätigt – konnte gezeigt werden, dass die Schlafprofile einnässender und nicht einnässender Kinder sich nicht unterscheiden, auch nicht im Anteil der Tiefschlafphasen.

Kennen Sie diese Situation?

- Fast jede Nacht liegt **Alexander** gegen 23 Uhr in seinem nassen, kalten Bett. Bis zum Kopfkissen ist alles durchnässt. Doch er schläft wie ein Murmeltier. Wenn seine Mutter versucht, ihn zu wecken, um ihn zur Toilette zu schicken und in der Zeit das Bett neu zu beziehen, dann ist das ein hoffnungsloses Unterfangen. Trotz Ansprechen, Berühren, ja Schütteln wird Alexander nicht wach. Das Höchste der Gefühle ist, dass er sich brummend auf die andere Seite wirft und weiterschläft. Manchmal setzen die Eltern gemeinsam den schlafenden Alexander auf einen Stuhl, bis das Bett wieder gerichtet ist, und ziehen ihm trockene Sachen an, während er in aller Seelenruhe weiterschläft.

Hier scheint die Einnässursache auf der Hand zu liegen: Alexander schläft zu tief, er ist kaum weckbar. Wie soll er dann durch den vergleichsweise schwachen Harndrang aufwachen?

Kein Gefühl für Harndrang. Hier kann die genetisch bedingte funktionelle Unreife auch eine Rolle spielen. Immer wieder wird vermutet, dass bei einnässenden Kindern das Körpersignal „Harndrang", das normalerweise bei einer vollen Blase auftritt, im Schlaf nicht wahrgenommen wird – entweder weil es noch unzureichend entwickelt ist oder vom Kind einfach nicht beachtet wird.
Vor diesem Hintergrund entstand die Idee, das Einnässen dadurch zu heilen, dass das Kind den Harndrang der vollen Blase wahrzunehmen lernt und auf sein Auftreten hin richtig reagiert – nämlich aufwacht, aufsteht und zur Toilette geht. Dazu wird das unbeachtete oder unzureichende „innere Körpersignal" (Harndrang) durch ein daran angekoppeltes „äußeres Signal" (Weckton einer Klingelmatratze) verstärkt.

Die Wissenschaft hat festgestellt:

- Es gibt keinen Unterschied in der Verteilung der Schlafstadien bei einnässenden und bei nicht einnässenden Kindern.
  Beide Gruppen haben dasselbe Schlafprofil. Medikamente, die das Schlafprofil beeinflussen, helfen nicht gegen die Enuresis.
- Das Einnässen kann in allen Schlafstadien vorkommen, vom leichten bis zum tiefen Schlaf – und sogar, wenn auch selten, in Traumphasen.
- Eine schwere Weckbarkeit einnässender Kinder wird häufig beobachtet. Aber das muss noch lange nicht heißen, dass das Kind einnässt, weil es so tief schläft.
  Denn:
- Die allermeisten Kinder sind nachts schwer zu wecken. Doch alle Erfahrungen der Eltern stammen natürlich vom Wecken einnässender Kinder. Denn wer weckt schon ohne Grund ein trockenes Kind?
- Nachtnässer schlafen nicht tiefer, sie sind aber schwer erweckbar. Hierfür ist ihre genetisch bedingte funktionelle Unreife verantwortlich. Mit etwas mehr Entwicklungszeit holen sie die anderen Kinder wieder ein.

Und was meint der Kinderarzt damit, wenn er vorschlägt, es mit einer Klingelmatratze oder Klingelhose zu versuchen?

- Er will mit einem speziellen Lernapparat, der Klingelhose oder Klingelmatratze, eine sogenannte Konditionierungs-Behandlung durchführen.
- Die Klingelhose hat einen kleinen Sensor, der in der Nähe des Harnröhren-Ausgangs in die Windel oder Unterhose gesteckt wird. Über ein dünnes Kabel ist der Sensor mit einem Signalgeber verbunden, der wie eine kleine Brosche an das Oberteil des Schlafanzuges geheftet wird.
- Die Klingelmatratze ist eine dünne, plastikbeschichtete Metallfolie, die in Pohöhe unter das Leintuch gelegt wird. Auch hier gibt es ein Signal.
- Beide Geräte arbeiten nach demselben Prinzip: Bereits die ersten Urintropfen lösen einen Signalton aus: Es klingelt plötzlich laut, das Kind erschrickt und zieht schnell den Blasen-Schließmuskel zusammen. Die Harnabgabe wird unterbrochen.

Die Klingelmatratze ist eine tolle Erfindung. In der Praxis ist sie aber leider nur für wenige Kinder eine dauerhafte Hilfe. Ganz aufmerksamen Leserinnen und Lesern wird aufgefallen sein, dass im Zusammenhang mit Klingelhose oder Klingelmatratze immer vom Harndranggefühl bei voller oder gar übervoller Blase die Rede war, das durch den Signalton verstärkt werden und dadurch Aufmerksamkeit erhalten sollte.

Doch wie soll der Lernprozess klappen, wenn ein einnässendes Kind bei den ersten Tropfen zwar lautstark geweckt wird, aber in diesem Moment gar keinen Harndrang empfindet, weil seine Blase zum Einnässzeitpunkt überhaupt nicht voll ist? Es liegt kein Körpersignal vor, das als Signal für richtiges Handeln gelernt werden könnte. Hier liegt der Hund begraben – das ist einer der Gründe für die unbefriedigende Erfolgsrate einer insgesamt recht stressigen Behandlungs-Methode.

Nur Kinder, die mit voller Blase einnässen – und das ist die Minderheit, wie wir gesehen haben – haben bei der Konditionierungs-Behandlung eine echte Chance.

Auch sollte mit Hilfe des Kalenders sorgfältig geprüft werden, ob nicht

Belastungen im Alltag ihren Teil zum Einnässen beitragen. Wie Sie schon ahnen, kann man diese nicht einfach „wegklingeln". Hier ist elterliche Unterstützung, gegebenenfalls auch Hilfe von Spezialisten nötig, um das kindliche Erleben und Verhalten wieder kind- und altersgemäßer, kurz erfreulicher werden zu lassen.

Die letzten Jahre haben tatsächlich mehr Licht ins Einnäss-Dunkel gebracht. Zumindest für das nächtliche Einnässen seit Geburt sieht man nun klarer. Beim nächtlichen Einnässen ist eine genetische Komponente beteiligt. Sie kann der Grund für das verspätete Alter beim Trockenwerden sein. Sie kann auch der Grund dafür sein, auf Belastungen jeder Art stärker zu reagieren und deshalb auch mehr Bewältigungshilfe zu brauchen. Die Fachleute sprechen von einer gesteigerten Verletzbarkeit gegenüber Stressoren verschiedenster Art. Laien sagen und meinen dasselbe: *„Das Kind ist so sensibel. Es nimmt alles viel zu ernst. Es ist dauernd am Denken!"*

Die Reifungszeit können Eltern nicht verkürzen. Sie können aber die Zahl der Belastungen verringern, was sich auch auf die Einnäss-Häufigkeit auswirkt.

- Die Idee ist folgende: Weil die Blase nur überläuft, wenn sie auch übervoll ist, klingelt das Gerät immer zu dem Zeitpunkt, wenn der Harndrang besonders stark ist. Im Laufe der Zeit lernt das Kind das Körpergefühl Harndrang kennen und beachten, weil es immer dann zu spüren ist, wenn der unangenehme Signalton es weckt. Bald ist der Ton nicht mehr nötig, um nachts aufzuwachen. Das Kind wacht nun bereits vom Harndrang allein auf, bevor die ersten Tropfen austreten und der Signalton loslegt, und kann rechtzeitig zur Toilette gehen.
- Konditionierungs-Behandlungen sind aufwendig. Sie müssen erfahrungsgemäß mindestens acht bis zwölf Wochen lang durchgeführt werden. Sie verlangen vom Kind und von den Eltern eine hohe Mitmachbereitschaft und ein gutes Durchhaltevermögen – trotz massiver Schlafstörungen. Die Rate der vorzeitigen Behandlungs-Abbrüche ist hoch.
- Leider ist auch der Erfolg nur begrenzt: Neben einigen Heilungen werden immer wieder hohe Rückfallquoten gemeldet.

Das gleichgültig nasse Kind gibt es nicht. Ich habe in meiner jahrelangen Arbeit mit einnässenden Kindern kein einziges kennen gelernt, bei dem ich nach einer mehrstündigen Beobachtung oder nach einem Gespräch mit ihm auch nur den leisen Verdacht gehabt hätte, es stünde seinem Einnässen gleichgültig gegenüber. Dieser Punkt ist mir so wichtig, dass ich ihn mit einigen handfesten Beweisen belegen möchte.

Kennen Sie diese Situationen?

- *„Für uns alle ist das Einnässen von* ***Lisa*** *ein Thema. Kein Tag vergeht, kein Familientreffen, ohne dass über „Lisas Problem" gesprochen und beraten wird. Wie gesagt, für alle ist es ein Thema, nur nicht für Lisa. Als ob es nicht ihre Blase wäre, die nass macht und ihre Hose oder ihr Bett, das nass wird. Fräulein Lisa ist das alles egal. Nach einer nassen Nacht steht sie auf, verzieht keine Miene, sagt keinen Ton, kein Wort der Entschuldigung, zeigt keine Anzeichen von Bestürzung. Beim Frühstück ist sie dann womöglich noch maulfaul oder aber gleich provozierend frech."*

- *„Es kann ja nur Gleichgültigkeit sein, wenn man schon so groß ist und sich trotzdem so oft nachts nass macht – aber keineswegs immer, sonst könnte man ja noch zu* ***Ollis*** *Gunsten eine Krankheit annehmen".*

- *„Es kann ja nur Gleichgültigkeit sein, wenn ein Kind sieht, wie die Mutter sich mit dem Bett und der Wäsche abrackert, sich vor allen Verwandten schämt, und es dennoch die meisten Nächte reinmacht. Oder es ist Böswilligkeit. Das trau' ich* ***Katinka*** *inzwischen sogar zu."*

- *„Es muss schon eine ganz wurstige Gleichgültigkeit vorliegen, wenn man weiß, dass bei allen Kameraden die Blasen-Kontrolle seit Jahren kein Thema mehr ist, man selbst aber bei keiner Außerhaus-Übernachtung dabeisein kann, weil man sich auch nicht ein einziges Mal zusammennehmen kann, wie zum Beispiel unser Herr Sohn."*

Einnässende Kinder – egal, ob sie fünf oder 15 Jahre alt sind – sind hochmotiviert, ihr Problem loszuwerden. Nichts hätten sie lieber, als tagsüber und nachts trocken zu sein, wie alle anderen auf die Toilette zu gehen und – ebenfalls wie alle anderen – nie mehr an ihre Blase denken zu müssen.
Nach jeder trockenen Nacht schöpfen sie trotz Misstrauen und Bangen Hoffnung. Jetzt wird fieberhaft überlegt, was sie gestern Besonderes gemacht haben oder ausnahmsweise unterlassen haben, weil hier irgendwo im Tagesablauf der Erfolgsschlüssel versteckt sein könnte. Genau das ist der richtige Ansatz (siehe Kapitel 6). Aber jetzt kommt es darauf an, nicht an Äußerlichkeiten hängen zu bleiben. Ich kenne Einnässkinder, die sich in einer Phase trockener Nächte nicht trauen, etwas Neues anzuziehen oder etwas anderes als am „erfolgreichen" Vortag zu essen.
Umgekehrt ist jede nasse Nacht ein erneuter Schlag ins Gesicht. Hoffnungslosigkeit kommt auf, und – was besonders schlimm ist – die Verzweiflung greift auf ganz andere, vom Einnässen völlig unabhängige Bereiche über.

- *„Manchmal habe ich den Eindruck, mein Urin fließt in mein ganzes Leben und beschmutzt es."* (**Mia**, 13 Jahre alt)

- *„Morgens aufwachen ist für mich das Schlimmste, was es gibt. Meine Freunde erzählen mir immer, wie toll es ist, am Wochenende oder in den Ferien auszuschlafen. Dann holen sie sich ein Schoki, kriechen nochmal ins gemütliche Bett und lesen bis zum Abwinken. Aber wenn ich aufwache, ist das erste, was mir einfällt, mein Defekt: Bin ich nass, ist es nur die Hose, oder ist es das ganze Bett? Nichts wie raus! In den Morgen ist hineingepisst, der Tag ist gelaufen. Und außerdem bin ich für alle, nicht nur für mich, der Stimmungskiller am Frühstückstisch."* (**Tilman**, 11 Jahre alt)

Das waren jetzt zwei Beispiele von vielen. Aber so oder ähnlich äußern sich alle „nassen" Kinder. Von Gleichgültigkeit keine Spur. Das meiste, was Eltern auf das Konto „Gleichgültigkeit" buchen, passt überhaupt nicht ins Bild der Gleichgültigkeit: Zu verstummen, wenn die Sprache aufs Thema kommt, rot anzulaufen, sich zu genieren, sich grenzenlos zu schämen. Oder sofort anzu-

fangen zu weinen oder zu toben, wenn das Einnässen vor anderen angesprochen wird.
Was nach außen hin wie Gleichgültigkeit aussehen mag, das entpuppt sich beim genauen Hinsehen als Verzweiflung und Schutzmantel. Das Kind hat aus Angst vor weiteren Verletzungen dichtgemacht, sich in sein Schneckenhaus zurückgezogen. Es lässt sich nichts mehr anmerken, selbst nicht seine tiefe Betroffenheit über den erneut zweifelsfrei vorgefundenen Misserfolg, über das nicht zu übersehende „Versagen".
Sicher ist Ihnen schon aufgefallen, dass viele dieser Kinder, die auf alles, was mit der Blasen-Kontrolle zusammenhängt, scheinbar so emotionslos reagieren, in anderen Bereichen einen extrem großen Ehrgeiz an den Tag legen – zumindest noch in den ersten Jahren einer Enuresis. Sie sind zum Beispiel überdurchschnittlich gut in der Schule, fordern sich im Sport hohe Leistungen ab und setzen sich bei verschiedenartigsten Aufgaben oft extrem weitgesteckte, keineswegs altersgemäße Ziele. Ich kann das eigentlich nur als Versuch verstehen, sich selbst und vor allem den Eltern beweisen zu wollen, nicht auf allen Gebieten eine Null, ein hoffnungsloser Versager zu sein.
Wäre ihnen das Einnässen gleichgültig, würden sie nicht solche Kompensations-Versuche unternehmen, um Lob und familiäre Anerkennung zu bekommen oder wenigstens in diesem Bereich Aufmerksamkeit zu erregen.
Es gibt sogar Kinder, die in gefährlicher Eigenregie ihre Medikamenten-Dosis erhöhen oder in Trinkstreik treten, um endlich über ihre Schwäche zu siegen. Sie versuchen mit allen nur erdenklichen Mitteln nicht einzuschlafen, um ja nicht – vom Schlaf überrascht – einzunässen. Der Wunsch nach einem trockenen Bett wird ins Abendgebet aufgenommen, steht auf der Wunschliste für das Christkind. All das hat mit Gleichgültigkeit wirklich nichts zu tun.
Eltern können auch ganz schlecht damit umgehen, wenn sie hinter dem Einnässen Trotz und Provokation vermuten.

- *„Warum macht **Charlotte** nur bei uns zu Hause in die Hose? Warum zieht sie ihre Ich-muss-nicht-Show und das ganze Theater mit dem Nicht-zur-Toilette-Gehen immer dann ab, wenn sie sich vernachlässigt fühlt oder nicht alles nach ihrem Kopf läuft? Wenn mir das mal jemand erklären könnte! Im*

Kindergarten klappt's doch, oder wenn sie bei Freundinnen eingeladen ist, oder wenn sie mit dem Papa auf Tour geht. Dann ist die Hose nie nass. Und das soll ich nicht auf mich beziehen? Das kann doch nur gegen mich gerichtet sein."

Dieser Mutter nun zu erklären, dass die „Sprechblase" (Sie kennen sie aus Kapitel 6) genau das sagt, was Charlottes Mutter als Vorwurf formuliert – nämlich, dass Charlotte sich zu Hause einsam, nicht verstanden, zu wenig geschätzt fühlt, sich nach Zuwendung und Akzeptanz sehnt – das ist übrigens in der Beratungssituation gar nicht so einfach. Doch genau hier liegt der Knackpunkt. Solche Signale müssen verstanden werden, damit sich etwas ändern kann. Und: Signale müssen aufrütteln! Denn sie signalisieren große Not. Leider werden die Signale von den Eltern oft missverstanden – als Trotz, Böswilligkeit oder Provokation.

Beim Einnässen gibt es aber wirklich nichts, was auch nur irgendeine Strafe verdient. Aber für das Einnässen werden Kinder geschlagen und sogar misshandelt – körperlich und seelisch. Und das, obwohl gerade diese Kinder nur eins brauchen: Die Hilfe und positive Zuwendung der Erwachsenen.

Sie werden sagen: *„Das haben wir nie gemacht. Klar war ich mal wütend, hab' ihm die Hose um die Ohren geschlagen, aber das ist etwas anderes."* Oder: *„Gestraft haben wir Laura nie, enttäuscht bin ich halt immer und sehr traurig. Das merkt sie schon."* Aber denken Sie doch mal über Folgendes nach: Es ist doch schon eine Strafe, …

- nicht durchschlafen zu dürfen
- nichts trinken zu dürfen, wenn man Durst hat
- den ganzen Tag lang seinen Fehler vorgehalten zu bekommen
- Windeln anziehen zu müssen, wenn man groß ist
- keine Windeln anziehen zu dürfen, obwohl sie einem Sicherheit geben
- nachts sein Bett neu beziehen zu müssen
- die Enttäuschung der Eltern zu spüren

Kapitel 7: Das Wichtigste in Kürze

- Nicht wirksame Behandlungsversuche unter die Lupe zu nehmen und zu beenden, vergrößert die Chance für trockene Hosen und Betten.
- Nächtliches Wecken und Trinkverbot am Abend sind „liebgewordene" Traditionen, die möglichst schnell abgeschafft werden sollten.
- Eine „zu kleine" Blase gibt es nicht.
- Beim nächtlichen Einnässen kann die Vererbung eine Rolle spielen. Dennoch kann es in jedem Fall erfolgreich sein, die Alltagsbelastungen des Kindes zu verringern.
- Was nach Gleichgültigkeit aussieht, ist mehr oder weniger gut getarnte Verzweiflung.

8

Wenn die Darm-Kontrolle Probleme macht

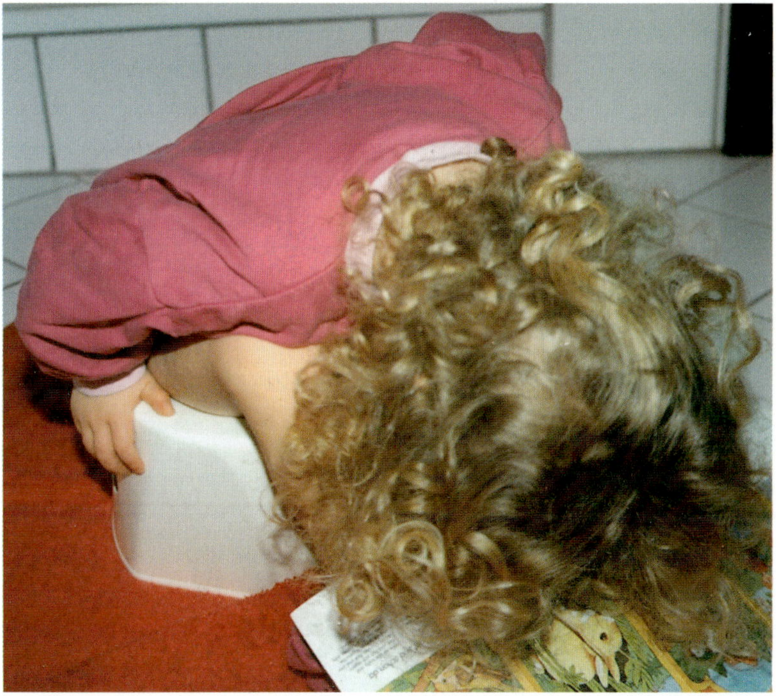

In diesem Kapitel erfahren Sie, ...

- dass das Einkoten, die Enkopresis, ein relativ seltenes, jedoch keineswegs außergewöhnliches Problem ist
- dass eine Entmystifikation vorgenommen werden muss
- warum Kinder einkoten
- dass Kinder hier einen Kampf führen, bei dem sie immer die Verlierer sind

Warum sage ich Ihnen das?

Für die meisten Kinder ist die Darmkontrolle nie ein Problem. Hier sind in vielen Familien die ersten Erfolge beim Sauberwerden zu verzeichnen, der erste Lichtschein am Horizont: Unser Kind wird größer. Vielleicht ist gerade das der Grund, weshalb Eltern erschrecken und schnell verzweifeln, wenn der Stuhlabgang eben nicht – wie erwartet und überall gehört – bis zum Kindergartenalter perfekt gemanagt wird. Es ist wichtig zu wissen, woran es liegen kann, wenn es Probleme gibt.

Kinder, die einkoten

Bis zum 4. Geburtstag gelingt es fast jedem Kind, seinen Darm so zu beherrschen, dass es ihn kontrolliert entleeren kann. Es spürt den zunehmenden Drang und reagiert richtig, indem es rechtzeitig allein oder mit Hilfe eine Toilette aufsucht und dort seinen Kot abgibt. Kommt mitunter ein Durchfall dazwischen – als Folge eines Magen- und Darminfektes, oder weil zum Beispiel zuviel frisch gekelterter Apfelsaft getrunken wurde – kann es immer mal wieder schief gehen, also in die Hose. Aber sobald der angegriffene Darm wieder normal arbeiten kann, klappt auch die Kontrolle wieder perfekt. Ein längerfristiger Rückfall in Zeiten ohne jede Kontrolle muss in der Regel nicht befürchtet werden.

97% der Vierjährigen verfügen über eine perfekte Darmkontrolle. Das heißt aber auch, dass 3% der Vierjährigen noch diesbezüglich Probleme haben. Unter den Fünf- bis Achtjährigen sind es noch 1-2%, die zumindest zeitweilig einkoten. Ist ein Kind vier Jahre alt und kotet öfter als einmal im Monat oder sogar bedeutend häufiger ein, entleert also seinen Stuhl an ungeeigneten Stellen oder in die Kleider, so spricht man von Enkopresis. Das Einkoten geschieht fast ausschließlich am Tag, selten im Halbschlaf kurz nach dem Aufwachen am Morgen. Nachts koten Kinder nicht ein.

Über die Hälfte der Sechs- oder Siebenjährigen, die einkoten, haben übrigens schon länger als ein Jahr ihren Darm kontrolliert entleeren können. Das Einkoten hat bei ihnen erneut angefangen. Das einzige, was den Eltern vielleicht aufgefallen ist, war die Tatsache, dass ihr Kind recht oft Verstopfung hatte und erst nach mehreren Tagen ohne Stuhlgang beeindruckende Kotmengen absetzte. Es kann aber auch nichts Auffälliges bemerkt worden sein, bevor das Einkoten wieder regelmäßig auftrat.
Beim Einkoten überwiegen die Jungen; bis zu sechsmal mehr Jungen als Mädchen leiden unter einer Enkopresis. Für diesen gewaltigen Zahlenunterschied gibt es weltweit noch keine überzeugende Erklärung.

- *„Einnässen ist schlimm, aber Einkoten ist noch viel schlimmer. Als* ***Frieder*** *mit fünf Jahren seine nasse Nachtwindel in den frühen Morgenstunden auch noch mit Stuhlgang füllte, glaubten wir zuerst an eine Magen- und Darmgrippe. Nach zwei Wochen doppelt gefüllter Windel konnten wir nicht mehr ruhigen Gewissens ignorieren, dass ihm nie übel war, er sich nie übergeben musste und auch kein Fieber hatte, was wohl zu einem Infekt gehört hätte. Unsere nächste Erklärung war eine Nahrungsmittel-Unverträglichkeit, dieses Problem kennen wir aus beiden Familien. Eine diesbezügliche Diät brachte uns nicht weiter. Als uns die Kinderärztin nach etwa eineinhalb Monaten ohne Umschweife mitteilte, dass unser Sohn einkotet und nun ein Therapieprogramm erarbeitet werden sollte, an dessen Planung und Durchführung wir Eltern massiv beteiligt werden würden, kam Panik auf. Meine Frau begann zu weinen, und ich ließ all meine Erziehungsfehler der letzten Jahre in Gedanken vorbeimarschieren. Wir waren verzweifelt. Warum tat Frieder uns das an?“*

Das Einkoten ist ein relativ seltenes, jedoch kein außergewöhnliches Problem im Entwicklungsverlauf von Kindern. Für die Eltern bedeutet die Feststellung, dass der Stuhlgang ihres Kindes immer noch regelmäßig oder für das Alter doch zu oft in die Hose geht, eine große Verunsicherung. Die wird noch größer, wenn das Einkoten plötzlich wieder auftritt, obwohl alle davon ausgingen, das Thema „Sauberkeit“ für immer abgehakt zu haben.

Die Wissenschaft hat festgestellt:

Einkoten tritt in mindestens drei unterschiedlichen Formen auf:

- Auf eine vorangehende Verstopfung folgt eine sogenannte Überlauf-Inkontinenz. Große Mengen harten Stuhls lagern über Tage im Darm und werden, nachdem dessen Fassungsvermögen überschritten ist, meist unter Schmerzen abgegeben. Etwa 90% aller einkotenden Kinder zeigen diese Form der Stuhlinkontinenz. Der Fachausdruck hierfür ist die **retentive Enkopresis**, das bedeutet Einkoten mit Stuhlverhalt.

Die beiden anderen Einkotformen sind weit seltener. Bei beiden gibt es keine jahrelange Vorgeschichte oder besondere Anzeichen für eine Verstopfung. Das Einkoten passiert während oder direkt nach bestimmten Auslösesituationen. Hat das Kind keine Probleme, kann es völlig unauffällig seinen Darm kontrolliert entleeren.

- Für die sogenannte **manipulative Enkopresis** sind unkontrollierte Stuhlabgaben (Defäkation) in Verzweiflung, Wut und wildem Aufbegehren typisch. Auch sonst

Mit Verzweiflung und Wut sind die Gefühle der Eltern treffend beschrieben. Sie sind irritiert, ob es ihnen an der Fähigkeit fehlt, ein Kind richtig zu erziehen. Sie stellen auch ihr Verhältnis zu ihrem Kind in Frage und zweifeln die Qualität der Beziehung ihres Kindes zu ihnen an. Und sie gehen davon aus, dass so etwas nur ihnen passiert und in keiner „normalen" Familie vorkommt.

- *„Wenn ich meinem Sohn etwas so Einfaches und so Wesentliches für das Großwerden nicht beibringen kann, dann haben meine pädagogischen Talente doch versagt. Unser Verhältnis zueinander taugt doch nichts, wenn ich genau sehe, dass er auf das Klo muss – wenn ich sehe, dass er sich windet und Kunststücke vollbringt, um den Stuhlgang zurückzuhalten, und auf Bitten, Befehle und Drohungen einfach nicht eingeht, nur um uns Stunden später das komplette Badezimmer vollzukacken."*

Desweiteren kommen massive Ängste hinzu, ob mit der Gesamtentwicklung des Kindes alles stimmt und bislang keine körperlichen Störungen übersehen worden sind.

zeigen diese Kinder in vielen Situationen ein provozierendes, deutlich oppositionelles Verhalten. Kindergarten und Schule machten in vielen Fällen die Eltern bereits auf ein gestörtes Sozialverhalten ihrer Kinder aufmerksam.

- Kommt es bei Konfrontation mit einem angstauslösenden Reiz oder unter andersartiger starker psychischer Belastung zum Einkoten, spricht man von einer **stressinduzierten Enkopresis**. Der abgehende Stuhl ist breiig bis flüssig, wie ein plötzlicher, nicht einzuhaltender Durchfall.

Körperliche Störungen, die für das unangemessene Stuhlgangverhalten verantwortlich sein könnten, sind sehr selten, müssen aber nichtsdestotrotz eindeutig ausgeschlossen werden. Wenn Sie die fehlende oder unzureichende Stuhlkontrolle beim Kinderarzt ansprechen, wird er Ihr Kind untersuchen. Betreut er Ihr Kind vielleicht schon seit dessen Geburt, ist er über die Entwicklung Ihrer Tochter oder Ihres Sohnes so gut informiert, dass er Ihre Bedenken schnell entkräften kann.

Ein sogenanntes aganglionäres Megakolon (die Hirschsprungsche Erkrankung) muss ausgeschlossen werden. Es handelt sich dabei um eine angeborene Dickdarm-Enge, in der die typischen Darmbewegungen fehlen, weshalb der Stuhl nicht weiterbefördert wird. Der Darm wird aufgrund der sich ansammelnden Kotmengen unmäßig geweitet.

Hin und wieder kommen Verengungen des Mastdarms oder besonders enge Stellen am Darmausgang vor. Auch Erkrankungen der glatten Darmmuskulatur oder hormonelle Fehlfunktionen können für eine problematische Darmentleerung verantwortlich sein. Der Kinderarzt klärt diese Punkte ab.

Die Angst vor körperlichen Störungen kann den Eltern meist schnell genommen werden, doch das heißt noch lange nicht, dass sie mit dem Einkoten nun besser zurecht kommen.

Fachleute sind sich heute einig, dass das Problem zuerst einmal „entmystifiziert“ werden muss.

Was beim Einkoten geschieht, ist – mag es auch ungeheuerlich wirken – aus Sicht des Darmes gut nachvollziehbar. Es sind die Auswirkungen eines Platzproblems. Zum Einkoten kommt es, wenn sich große Mengen Stuhl im Darm angesammelt haben und dieser dann irgendwann überläuft. Das ist immer dann der Fall, wenn eine Verstopfung eine regelmäßige Kotabgabe verhindert hat und so die Portionen für vier bis 14 Tage auf ein Mal zur Entleerung anstehen. Es muss also geklärt werden, wieso es zu Stuhlverhalt und derart ungewöhnlich häufigen und starken Verstopfungen kommt. Auf diesen Punkt kommen wir gleich bei der Besprechung der möglichen Ursachen für das Einkoten nochmal zurück.

Ein Darm ist aber offensichtlich auch überfordert, seine Aufgaben ordnungsgemäß zu erledigen, wenn zu starke Emotionen bis hin zu häufig auszuhaltender Panik das Innenleben eines Kindes durcheinander bringen. Neben dem Einkoten zeigen Kinder mit derart belastender Lebenssituation auch in anderen Bereichen ein höchst auffälliges Erleben und Verhalten. Wir kennen das alles in weit gemäßigter Form, wenn vor einer Prüfung noch mehrmals zur Toilette gerannt wird, um jedes Mal Harn aber oft auch Mini-Portionen von Kot abzugeben. Beobachten Sie sich selbst, wie oft zum Beispiel nach einem unangenehmen Telefonat der Darm drückt und kompromisslos zur Entleerung drängt.

Beim Einkoten scheinen Darmprobleme mehr und stärker vorzukommen, die wir alle aus besonderen Situationen kennen. Nur ist im Normalfall die Stuhlabgabe dann immer noch meist irgendwie kontrollierbar, und die drangvollen Momente sind erfreulicherweise nur eine Ausnahme.

Warum koten Kinder ein?

Es gibt verschiedene Vorgeschichten, auf die ein Kind mit Einkoten reagieren kann. Man muss sie kennen, um die Zusammenhänge zu verstehen und sie dann mit berechtigter Hoffnung auf Erfolg angehen zu können.

Die erste Möglichkeit: Einkoten aufgrund einer chronischen Verstopfung (Obstipation)

Diese Voraussetzungen gehören zum Einkoten mit Stuhlverhalt (retentive Enkopresis). Sie treffen also für etwa 90% der einkotenden Kinder zu.
Bereits im Säuglingsalter quält sich das Kind mit Verstopfungen. Jeder weiß, wie unangenehm und schmerzhaft eine Stuhlabgabe bei Verstopfung sein kann. Ist die erste Kotportion draußen, und lässt das Rumoren im Darm nach, bemüht man sich nicht besonders, noch mehr Stuhl zu entleeren. In der Hoffnung, dass es das nächste Mal vielleicht weniger wehtut, versucht man, das Anstehende zu verschieben. Doch diese Hoffnung ist trügerisch. Viel wahrscheinlicher wird der nächste Stuhlgang wieder eine qualvolle „Geburt". Die Verstopfung wird chronisch, jede Darmregung wird gefürchtet.
Es gibt auch eine genetische Veranlagung für Verstopfung, von der man gar nichts zu wissen braucht, die sich aber bei einer unausgewogenen Ernährung mit zu wenigen Ballaststoffen, bei zu wenig Flüssigkeitszufuhr und womöglich noch Bewegungsmangel höchst negativ bemerkbar machen kann.
Auch wer unter Analfissuren leidet, möchte jeden Stuhlgang hinausschieben. Analfissuren sind äußerst schmerzhafte Einrisse in der Haut und Schleimhaut der Afterregion, die bei jeder Stuhlabgabe gedehnt und weiter oder erneut eingerissen werden.
Unter diesen Bedingungen wird der Darm nie ganz entleert. So ist der Enddarm immer etwas gefüllt und erweitert. Stetig können winzige Stuhlportionen abgehen, was sich an wiederholt kotverschmierten Hosen zeigt.

Ein erweiterter Enddarm ist zudem weniger empfindungssensibel, das heißt, seine Füllungsmeldungen, Aufforderungen, die Toilette aufzusuchen, erfolgen erst verspätet, oft erst zu spät. Er ist überdehnt, er kann sich nicht mehr so gut zusammenziehen. Die Darmkontraktionen sind zu schwach, um den Stuhl transportieren und den Darm vollständig entleeren zu können. Erneut bleibt Kot zurück. Die dadurch wiederum verstärkte Darmerweiterung vermindert schon wieder die Wahrnehmung der Darmfüllung. Die Verstopfung schafft dauernd Probleme, die eine erneute Verstopfung wahrscheinlicher machen. Sie wird zum Selbstläufer.

Viele Faktoren sind an dieser fatalen Entwicklung beteiligt, aber ebenso viele stehen auch zur Verfügung, um eine Kursänderung einleiten zu können. Darüber mehr im nächsten Kapitel.

Warum gehen Kinder nicht zur Toilette, wenn man genau sieht, sie müssten dringend den Darm entleeren?

Warum widersetzen sie sich mit allen Mitteln diesem natürlichen Vorgang? Als Kinderreaktion liegt nichts näher, als alles zu versuchen, die schmerzvollen Defäkationen möglichst hinauszuschieben. Vermeidungslernen nennt man das, was hier geschieht. Die Kinder bringen sich selbst Strategien bei, die gefürchteten und bald auch verhassten Toilettengänge möglichst lange zu umgehen. Auch wenn sie die negativen Konsequenzen schon kennen und genau wissen, ihnen nicht entgehen zu können. Heute ist es nochmal gutgegangen – und morgen ist erst morgen.

Selbst wenn der Darm dann überläuft, arbeiten die Kinder noch gegen die Stuhlentleerung an. Spezielle medizinische Diagnostik-Techniken weisen nach, dass sie noch während der Defäkation, also mitten in der Stuhlabgabe, ihren äußeren Afterschließmuskel wie auch ihren Beckenboden stark kontrahieren, was den Kotausstoß massiv erschwert. Schließmuskel und Beckenboden sind bei einer Stuhlentleerung normalerweise voll entspannt, um dem Ausstoß möglichst wenig Widerstand entgegenzusetzen. Das Gegenteil ist bei einkotenden Kindern der Fall. Wir haben einen sich selbst beigebrachten, ver-

zweifelten Versuch vor uns, der Qual zu entgehen. Ein Blick hinter die Kulissen zeigt, wie ineffektiv er ist.
Nicht jedem Einkoten geht eine schmerzende Stuhlabgabe voraus (Näheres hierzu wird weiter unten als zweite Möglichkeit des Einkotens beschrieben). Es können auch andersartige schmerzhafte Erfahrungen gemacht worden sein, die eine Kotabgabe zur – weshalb auch immer – gefürchteten Situation werden ließen. Eine ein Kind überfordernde und übermäßig strenge Sauberkeits-Erziehung steht im Verdacht, bei einzelnen Kindern derartige Folgen zu hinterlassen: *„Solange ich keinen Kot abgebe, kann ich auch nichts falsch machen, dann werde ich nicht ausgeschimpft, grob behandelt oder bestraft.“* Der Stuhl wird zurückgehalten, der Verstopfungs-Teufelskreis beginnt.

Warum behaupten Kinder, nicht gemerkt zu haben, dass eine Entleerung bevorsteht?

Neue Untersuchungen bringen hier nachvollziehbare Erkenntnisse. Einkotende Kinder nehmen Signale ihres Verdauungstraktes erst viel später wahr als Kinder, die keine Probleme mit der Darmkontrolle haben. Auf erste Anzeichen eines sich regenden und um Aufmerksamkeit bittenden Darms reagieren betroffene Kinder nicht. Diese frühen Hinweise nehmen andere Kinder durchaus zur Kenntnis. Auf stärkere Signale, die andere Kinder bereits als Aufforderung für einen Toilettengang werten und nutzen, reagieren sie auch noch nicht oder beantworten sie mit ihren verschiedenen ineffektiven Taktiken, den anstehenden Stuhlgang doch noch zu verhindern.
Das alles kann, wie schon erklärt wurde, am stets erweiterten und deshalb verzögert meldenden Darm liegen. Wahrscheinlich darf aber zusätzlich von einer gewissen „Verdrängung“ ausgegangen werden, um erst möglichst spät mit dem unumgänglichen Unheil konfrontiert zu werden. Kommt der Stuhlabgang schließlich dann doch, werden die Kinder selbst davon überrannt. Sie müssen erst wieder lernen, dass es sich lohnt, rechtzeitig auf seinen Darm zu hören. Genau dazu brauchen sie Hilfe.

Die zweite Möglichkeit: Einkoten als Ausdruck einer psychischen Störung und belastender Erfahrungen

Viele Wissenschaftler weisen darauf hin, dass unter den Kindern mit Enkopresis überdurchschnittlich viele sind, die mit emotionalen Störungen oder Problemen im Sozialverhalten zu kämpfen haben. Sie wirken in vielen Bereichen eines alltäglichen Kinderlebens belastet. Leider ist die Forschung hier noch nicht weit genug, um mehr Klarheit in diese Zusammenhänge zu bringen. Noch ist nicht entschieden, ob die beschriebenen Auffälligkeiten im Erleben und Verhalten dieser Kinder die *Ursache* für die Enkopresis sind oder aber das *Ergebnis* einer Enkopresis.

Die manipulative Enkopresis, das weit seltenere Einkoten ohne Verstopfung, passiert in Verzweiflung, Wut und in Situationen, gegen die das Kind aufbegehrt. Spontane Stuhlabgänge wirken sehr provokant. Besonders wenn sie genau in den Situationen auftreten, in denen sich das Kind nicht so verhält, wie man es von ihm erwartet, sondern so, wie man es schon zur Genüge von ihm kennt: einerseits zornig und voll Opposition, andererseits erschreckend hilflos. Dieses Einkoten wird als körperlicher Kontrollverlust in einer psychischen Überforderungssituation verstanden: ein Signal, um auf unbefriedigende Zustände der kindlichen Lebenswelt oder auf bislang nicht beachtete Schwierigkeiten im Umgang mit Anforderungen aufmerksam zu machen.

Bei der durch Stress ausgelösten Enkopresis, der seltensten Form des Einkotens, lösen Angst und ähnlich starke psychische Belastungen den unkontrollierten Stuhlabgang aus. Der Durchfall deutet auf eine Notfallreaktion, auf die Aktivierung letzter Reserven hin („Angst-Schiss"). Der Körper erleichtert sich – eine ganz ursprüngliche Reaktion, um schneller fliehen, notfalls auch angreifen zu können. Es sind Milieus mit viel Angst und wenig Zutrauen in sich selbst, in denen diese Kinder leben und unbewusst auf derartige Mittel zurückgreifen müssen.

Für beide Gruppen des Einkotens ohne Verstopfung ist typisch, dass immer wieder Kinder darunter sind, die ihr Verhalten notgedrungen auf die Bedingungen eingeschränkt haben, die ihnen zugestanden werden. Hier ist therapeutische Hilfe von außen für das Kind und seine Eltern zwingend nötig. Dann gelingt es den Spezialisten, zu denen betroffene Familien von Kinderärzten überwiesen werden, individuell geeignete Interventionsziele und darauf abgestimmte therapeutische Maßnahmen aus der Diagnose und der Problemanalyse abzuleiten. Die Erfolgsrate eines solch intensiven Vorgehens ist gerade bei diesen Kindern erfreulich hoch. Die Eltern-Kind-Beziehung nach einer erfolgreichen Enkopresis-Therapie wird von Kindern wie Eltern als deutlich verbessert und tragfähiger beschrieben.

Das gefürchtete Paar: Einnässen und Einkoten

Kommen beide Störungen der Ausscheidungen zusammen vor, ein Kind nässt *und* kotet ein, sind weite Teile des kindlichen Erlebens folgenschwer betroffen. Elterliche Geduld und Verständnis für das Kind gehen nach kurzer Zeit gegen Null.

Die Fachleute raten ausnahmslos, mit einer Behandlung der Enkopresis zu beginnen, da sich nach einer Regulierung des Stuhlgangs in den allermeisten Fällen die Einnässproblematik spontan bessert, wenn nicht sogar verliert.

Enuresis und Enkopresis kommen überzufällig häufig gemeinsam vor. *Eine* Ursache dafür sind die engen anatomischen Verhältnisse zwischen dem letzten Stück Darm, dem Rektum, und der Blasenhinterwand. Die durch Verstopfung sich besonders hier ansammelnden Kotmassen drücken auf Blase und Blasenhals und behindern deren Funktion. Zudem stellt der Beckenboden eine physiologische Einheit dar. Hat sich ein Kind angelernt, den Stuhl durch Kontraktion des Beckenbodens zurückzuhalten, so bewirkt diese Muskelanspannung dasselbe auch mit dem Harn.

Kommt es durch ein gekonntes therapeutisches Vorgehen zu einer entspannten Stuhlentleerung, wird diese unglückliche Kopplung aufgelöst: Jetzt wird auch der Harn nicht mehr zurückgehalten.

Kapitel 8: Das Wichtigste in Kürze

- Es gibt ein Einkoten, dem immer eine Verstopfung vorausgegangen ist.
- Es gibt ein Einkoten, das in Verzweiflung oder Wut passiert.
- Es gibt ein Einkoten, das durch Angst oder ähnlich starke psychische Belastungen ausgelöst wird.
- Hat sich das Einkoten erst einmal stabilisiert, brauchen das Kind und die Eltern Hilfe von Spezialisten.
- Sind alle Beteiligten motiviert, an dem Problem zu arbeiten, ist die Erfolgsrate erfreulich hoch.

9

Auch das Einkoten ist ein lösbares Problem

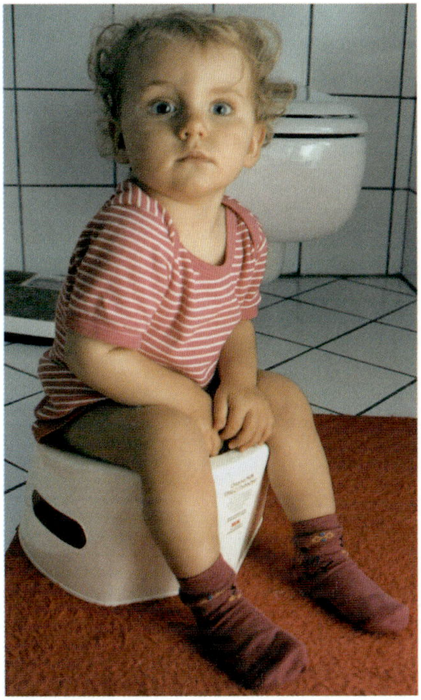

In diesem Kapitel erfahren Sie, ...

- dass Kinder den Stuhlgang melden, aber den Toilettengang verweigern können
- dass bei Verstopfung der Satz *„Wehret den Anfängen"* Gültigkeit hat
- wie ein Kind – ohne dass es jemand merkt oder will – Einkoten lernen kann
- dass eine Enkopresis-Behandlung mit Nachhilfe in „Darmkunde" beginnt

Warum sage ich Ihnen das?

Die Ängste der Eltern, dass mit der Darmkontrolle ihres Kindes irgendetwas nicht stimmen könnte, tauchen früh auf. Das Gespenst Einkoten wird schon bei kleinen Kindern hinter jeder unerwartet vollen Hose vermutet. Es fehlt oft an Wissen, was der Darm leisten muss und wo seine Grenzen liegen. Ich stelle Ihnen die Hürden vor, die überwunden werden müssen, bevor der Darm die Bezeichnung „perfekt" verdient. Sie werden feststellen, dass Sie Ihrem Kind bei der Darmkontrolle wirklich helfen können.

Stuhlgang wird gemeldet, der Gang zur Toilette aber verweigert

Viele Eltern stellen sich folgende oder ähnliche Fragen, wenn sie Toilettenverweigerung kennen:

- *„Unsere **Stefanie**, gerade drei Jahre alt, ist seit zwei Monaten tags und nachts trocken. Doch für den Stuhlgang muss ich ihr noch regelmäßig eine Windel anlegen. Bringe ich sie statt dessen zur Toilette und ermuntere sie, dort ihr Geschäft zu erledigen, fängt sie an zu weinen und wehrt sich heftig. Die nächsten Stunden, es waren sogar schon Tage, ist dann kein Stuhlgang mehr angesagt. Was soll ich tun? Ihr die Windel geben oder auf einem Toilettengang bestehen? Denn irgendwann kann sie den Stuhlgang ja nicht mehr zurückhalten. Ist Stefanies Verhalten eigentlich normal, und gibt sich ein derartiges Verhalten?"*

Dieses besondere Verhalten begegnet uns bei Kindern im Alter zwischen 2½ und vier Jahren relativ oft. Sie melden die Darmaktivität, verweigern jedoch den Toilettengang. Die Blase wird häufig perfekt kontrolliert und dafür auch problemlos eine Toilette aufgesucht. Das Trockensein ist kein Thema mehr. Das Kind kann meist auch schon einige Zeit zuverlässig melden, dass eine Stuhlentleerung ansteht. Doch dann kommt der Haken bei der Sache: Es besteht zur Durchführung der Aktion noch auf einer Windel. Bei manchen Kindern muss diese extra angezogen werden, anderen reicht es auch, sie nur auf den Boden zu legen.

Es ist sicher ein Zeichen dafür, dass die Darmkontrolle noch nicht ganz irritationsfrei abläuft. Das Kind wird durch den Darmdruck noch verunsichert und möchte, wenn es passiert, in eine Situation zurückgehen, die es bereits gut kennt und als beherrschbar erlebt hat. Und das ist die Situation mit der Windel. Ohne Windel – ohne „Netz" – traut sich das Kind eine Stuhlentleerung noch nicht zu.

Es ist richtig, ihm die geforderte Windel nicht vorzuenthalten, zumindest wenn Aufregung und ein verdrückter Stuhlgang die Folge wären. Denn dann können Stuhlverhalt, Verstopfung und all die negativen Konsequenzen für längere Zeit drohen. Fast immer handelt es sich bei diesem besonderen Wunsch um eine Sache von kurzer, überschaubarer Dauer. Von einem Tag auf den anderen wird nicht mehr nach der Windel gefragt, und diese Besonderheit ist vergessen – als wenn es sie nie gegeben hätte.

Dauert diese Situation länger, zum Beispiel ein halbes Jahr und mehr, empfiehlt sich ein Gespräch mit dem Kinderarzt um abzuklären, welche Faktoren das Kind davon abhalten könnten, hier allmählich altersgemäß zu reagieren. Wahrscheinlich gibt es noch mehr Anzeichen, dass sich das Kind in Einzelbereichen weniger zutraut, als es in seiner Altersgruppe üblich ist.

Eigenständigkeit und das Gefühl von Eigenkompetenz wurden in den letzten Jahren immer mehr als Faktoren erkannt, die bei Problemen mit der Darmkontrolle bis hin zur Enkopresis eine Rolle spielen.

Darmprobleme: Jetzt kann man einiges falsch, aber vieles richtig machen

Probleme mit der Darmkontrolle werden frühestens mit vier Jahren als Enkopresis bezeichnet. Therapiestarts vor fünf Jahren sind selten. Die meisten Kinder, die eine spezielle Enkopresis-Behandlung bekommen, sind zwischen sechs und acht Jahre alt. Spätestens in diesem Alter sollten Eltern und Fachleute dem einkotenden Kind *seinen* Weg zurück zu einer normalen Darmtätigkeit zeigen. Dieser Weg ist in vielen Fällen gleichzeitig der Weg aus der vom Kind gefürchteten und bereits erlittenen sozialen Isolation.

Dezente Anfänge verdienen Beachtung

Bei Kleinkindern deuten sich Darmprobleme an, wenn es häufiger zu Verstopfung mit nachfolgendem „Überlaufen" kommt. Erschrecken ist nicht nötig, aber ignorieren sollte man diese Signale eines überforderten Darmes nicht. Erste Versuche, ihn mit Einläufen, Milchzuckergabe zum Abführen, regelmäßigen Toilettengängen und einer ballastreichen Kost wieder zum Funktionieren zu bringen, sind meist bereits wirkungsvoll.
Noch ein Wort zu den „regelmäßigen Toilettengängen". Hier ist kein Toilettenterror gemeint – nach dem Muster: Jede Stunde zur Toilette, um den Darm zu entleeren. Auf Kommando Stuhl abgeben kann selbst ein perfekter Darm nicht. Auch eine prophylaktische Stuhlabgabe, bevor man das Haus verlässt, wie wir das von einer voll ausgereiften Blase kennen, ist unrealistisch. Aber jeder Mensch hat seine bevorzugte Zeit, den Darm zu entleeren. Manche Kinder zum Beispiel morgens nach dem Frühstück oder nach der Hauptmahlzeit, weil die erhöhte Magenfülle und -aktivität auch den Darm anregt (gastrocolischer Reflex).

Hat sich die normale Darmtätigkeit wieder eingespielt und bleiben regelmäßige Toilettengänge und eine Ernährung mit Obst, Rohkost und Vollkornprodukten erhalten, sind die Probleme vorbei, bevor sie richtig begonnen haben. Hier zahlt sich elterliche Aufmerksamkeit aus. Es geht um eine schnelle und – wie wir gleich sehen werden – um die richtige Reaktion, damit sich kein Fehllernen einschleifen kann.

Sauberkeits-Erziehung und Einkoten

In Beratungsgesprächen berichten Eltern immer wieder, dass ihnen Unregelmäßigkeiten der Darmaktivität erstmals oder plötzlich verstärkt auffielen, als sie sich über die Sauberkeitserfolge ihres Kindes Gedanken gemacht und neue Wege der Erziehung eingeschlagen hatten.

Treten Darmprobleme zeitlich in einem Zusammenhang mit einer gerade begonnenen oder erst vor kurzem zwecks bisheriger Erfolglosigkeit verschärften Sauberkeits-Erziehung auf, sollte dieser Erziehungsschritt nochmal überdacht werden. In den meisten Fällen muss er abgeändert, wenn nicht sogar eingestellt werden. Zu schnell wird nach derartigen Maßnahmen die Toilette zum gefürchteten und verhassten Ort, der gemieden wird.

Alles, was irgendwie mit der Darmentleerung zu tun hat, bringt das Kind mit Ermahnung, Schimpfen und Strafen in Verbindung – und es setzt alles daran, das möglichst von sich fern zu halten. Das Kind versucht seinerseits alles, was es im Rahmen seiner Möglichkeiten sieht, damit nichts mehr in die Hose geht. Häufig und entspannt die Toilette aufzusuchen und dort regelmäßig seinen Stuhl abzugeben, die beste Lösung, gehört leider nicht dazu. Denn dazu brauchte das Kind neue Erfahrungen mit der Toilette und wirklich unterstützende Hilfe. Es geht ihm nur noch darum, dass bloß nichts schief geht. So werden die Einkot-Zwischenfälle häufiger, die perfekten Stuhlabgaben jedoch seltener.

Viele Familien befinden sich in einer verzwickten Situation, wenn sie merken: *„So kann es nicht weitergehen. Wir brauchen dringend Hilfe.“*

Jetzt läuft schon vieles falsch:

Sucht das Kind mitunter die Toilette von sich aus auf und gibt völlig regulär Stuhl ab, …

- ignorieren die Eltern diese perfekte Stuhlabgabe. Bestenfalls kommt kein Kommentar, nach dem Motto: *„Das ist ja wohl selbstverständlich.“* Für dieses Alter völlig normal, also nicht der Rede wert.
- sprechen einige Eltern aus nahezu abergläubischer Angst nicht darüber: *„Bloß nicht darüber reden, sonst werden die wenigen Erfolge noch seltener!“*
- reagieren unerwartet viele Eltern aggressiv: *„Siehst du, es geht doch! Warum nicht immer?“*. Weil sie sporadisch geglückte Toilettengänge inmitten vieler Einkot-Zwischenfälle als Provokation ihnen gegenüber einschätzen.

Zu den wenigsten Misstönen kommt es, wenn gar nichts passiert, weder ein Toilettengang noch ein Einkoten. Diese Situation erlebt das Kind am spannungsfreiesten.

Doch was heißt das?

Ohne dass die Eltern sich dessen bewusst sind, wird ein Kind „belohnt“, wenn es die Toilette meidet und den Kot möglichst lange verhält. Ohne es zu wollen, unterstützen die Eltern mit diesem Verhalten eine falsche, unphysiologische Stuhlabgabe, die zu Verstopfung führt und ein unkontrolliertes Einkoten immer wahrscheinlicher macht.

Machen Sie sich bewusst, dass das regelmäßige Aufsuchen der Toilette und das dort angemessene Absetzen des Stuhls das erwünschte Verhalten ist, das möglichst schnell unter entspannenden Bedingungen erlernt werden sollte.

Wird regelmäßig und angemessen Stuhl abgegeben, ist das Einkoten vorbei.

Wie wird eine Enkopresis behandelt – und wie können Eltern diese Behandlung begleiten?

Das Einkoten ist aufgrund seines selteneren Vorkommens weit weniger untersucht als das Einnässen. Doch zeigen die Forschungsergebnisse der letzten Jahre immer deutlicher, dass je nach Einkotart (mit oder ohne Verstopfung) und Häufigkeit des Einkotens unterschiedliche Behandlungs-Kombinationen am ehesten zum Erfolg führen.

Das Einkoten ohne Verstopfung ist in der Minderheit. Nur jedes zehnte einkotende Kind gehört in diese Gruppe. Typisch für diese Kinder ist, dass sie in oder nach Situationen einkoten, die sie verzweifeln und wütend werden lassen, oder die von Angst beherrscht sind.
Die meisten Therapeuten sind sich einig, dass die professionelle Suche nach den Ursachen für Verzweiflung, Wut oder panikartige Angst im Alltagserleben dieser Kinder an erster Stelle stehen muss. Etwas überfordert ein Kind, lässt es sich hilflos und ohnmächtig fühlen. Das Vorgehen gleicht in etwa der Kalendersuche nach belastenden Elementen, die Kinder am Tag (Konfliktnässen) oder in der Nacht nach Belastungstagen einnässen lassen.
Scheuen Sie sich nicht, sich dabei durch Spezialisten unterstützen zu lassen. In Frage kommen Kinderärzte, Kinderpsychologen oder Kinder- und Jugendpsychiater, bei denen Einkoten zu ihren Behandlungs-Schwerpunkten gehört.
Zu den Einkotern ohne Verstopfung werden auch die Kinder gezählt, die mitunter oder recht häufig in den frühen Morgenstunden einkoten. An großen Untersuchungen zu diesem meist einige Wochen oder sogar Monate lang anhaltenden Phänomen fehlt es noch. Fachleute gehen jedoch davon aus, dass dieses Einkoten im Halbschlaf geschieht, wenn das Kind sich gedanklich mit Unbewältigtem des Vortages oder mit Problematischem des anstehenden Tages beschäftigt. Oft schläft es danach nochmal kurz ein. Verschwindet dieses Einkoten nicht nach wenigen Wochen und kommen tagsüber noch unkontrollierte Stuhlabgaben dazu, brauchen Kind und Eltern professionelle Hilfe.
Für einen Behandlungserfolg der Enkopresis müssen die Kinder *und* die Eltern offenbar mindestens so kooperationsbereit und behandlungsmotiviert sein

wie beim Versuch, eine Enuresis endgültig zu beseitigen. Auch kann nur mit einem Eltern-Kind-Paar, das gut über die physiologischen Zusammenhänge der normalen wie der gestörten Darmaktivität informiert ist, mit Aussicht auf – sogar recht schnellen – Erfolg gearbeitet werden.

Beim Einkoten mit Verstopfung und nachfolgendem „Überlaufen" wendet man sich überall zuerst den völlig chaotischen Darmverhältnissen zu. Der überfüllte Dickdarm muss entleert werden. Das geschieht mit Einläufen oder Abführmitteln, um eine normale Darmtätigkeit wieder anzuregen. Durch sorgfältig ausgewählte Diäten soll einer erneuten Verstopfung vorgebeugt werden.
Bei besonders hartnäckigen Einkotfällen ist die wichtige und bereits vergessene Erfahrung eines normalen, nicht schmerzhaften Stuhlgangs erst nach einer mehrtägigen stationären Aufnahme im Krankenhaus möglich. Mehrgleisig – medikamentös, durch Nahrungsumstellung und Bewegungsverordnung – versucht man, erfolgreich zu sein.
Schaut man sich das übliche Behandlungsvorgehen gegen das Einkoten an, könnte man fast sagen, dass Kind *und* Eltern behandelt werden, zumindest intensiv beraten und zu einer Verhaltensänderung motiviert. Das kommt Ihnen sicher von der Einnäss-Behandlung bekannt vor.
Es gibt verschiedene, im Einzelfall leicht voneinander abweichende Wege, den Darm wieder in Gang und seine Entleerung unter Kontrolle zu bekommen. Doch fast alle enthalten folgende Behandlungskomponenten:

- An erster Stelle steht auch hier die ausführliche **Information über die Arbeitsweise des Darms** und seine folgenreichen Schwierigkeiten mit einer ungesunden Ernährung.
- Der nächste Schritt liegt auf der Hand: **Ernährungsberatung**. Alle Therapieprogramme sensibilisieren Kind und Eltern für Vollkornprodukte, eine ballastreiche Kost, so Rohkost, Obst, Gemüse und eine regelmäßige Flüssigkeitszufuhr. Um nicht zu weit weg vom familiären Esstisch zu bleiben, sondern näher an die Essgewohnheiten der Betroffenen heranzukommen, werden Lieblingsgerichte und Leibspeisen analysiert und gegebenenfalls nach gesünderen und dennoch leckeren Alternativen gesucht.

- Jetzt wird eine beeindruckend genaue Bilanz der **Situation vor dem Therapiestart** erstellt – zum Beispiel:
  - Wann und was isst das Kind?
  - Wie häufig sucht es die Toilette auf, und wie lange verweilt es dort?
  - Wann kommt es zu Darmausscheidungen?

  Die Aufzeichnung erfolgt getrennt in Einkot-Zwischenfälle und erfolgreiche Toilettenbesuche. Diese Genauigkeit bei der Symptomregistrierung ist nötig, weil sie die Basis für die nachfolgende Therapieplanung darstellt. Auch lassen sich erste Erfolge durch Aufzeichnungsvergleich nachweisen. Und die sind für die Motivation äußerst wichtig.
- Dann geht es um die Frage: Welches **Endziel** hat das Kind vor Augen? Wie weit möchte es kommen?

  Hier zeigt die Praxis, dass klärende Gespräche sehr wichtig sind, damit Kind *und* Eltern erkennen, dass allein das angemessene Absetzen des Stuhls auf der Toilette das Behandlungsziel ist. Nicht jedoch das Nicht-Einkoten, das für die betroffenen Familien oft im Vordergrund steht, ohne zu bedenken, dass hierdurch der Verstopfungs-Teufelskreis und das automatisch folgende Überlaufen aufrecht erhalten werden.
- Manche Therapeuten schließen mit dem Kind **Verträge** ab, die es einzuhalten verpflichtet ist. Je mehr Vertragsvoraussetzungen erfüllt werden (regelmäßige Toilettenbesuche zu den vereinbarten Zeiten, reguläre Stuhlabgaben auf der Toilette), desto weniger einschränkende oder disziplinierende Elemente (Einläufe, Reinigungsaufgaben, Verlust von Vergünstigungen bei Freizeitaktivitäten) enthält der nächste Wochenplan.

  Ob disziplinierende Elemente für den Lernprozess nötig sind und einen Behandlungserfolg wahrscheinlicher machen oder diesen gar verhindern, weil sie an „altes" Elternverhalten vor Behandlungsbeginn erinnern, wird weiterhin kontrovers diskutiert. Neue amerikanische Therapiepläne arbeiten mit dem Vertrauen in die Motivation des Kindes, über seinen Darm zu siegen, und verzichten auf Strafe bei Fehlverhalten. Ihre Ergebnisquote ist durchaus vergleichbar mit der eines eher klassischen Vorgehens auf der Basis von Belohnung und Strafe. Die Rückfallquote scheint jedoch ohne Strafe wesentlich geringer zu sein.

- Das Kernstück der Therapie beginnt mit der **Erstellung eines „Toilettenplans"**, dessen Einhalten genau aufgezeichnet wird. Hierzu werden mehrere feste Toilettenzeiten am Tag vereinbart. Sie werden auf die individuellen Ausscheidungsgewohnheiten und bislang gewohnte Mahlzeiten abgestimmt. Dabei wird auch berücksichtigt, dass morgens direkt nach dem Aufstehen oder spätestens nach dem Frühstück sich bei vielen Menschen der Darm meldet. Ebenso signalisiert er im Normalfall etwa zehn Minuten nach der Einnahme einer größeren Mahlzeit eine erhöhte Entleerungsbereitschaft. Diese Signale wieder wahrnehmen und darauf reagieren zu können, ist ein erster großer Erfolg.
- Bei den neuesten Therapien wird außerdem großer Wert darauf gelegt, eine besonders **entspannende Toilettensituation** zu schaffen, damit das Kind seine Ausscheidungen und die dort nötig werdenden Reinigungen möglichst ungestört durchführen kann. Das Kind sollte jederzeit, ohne Genehmigung einholen zu müssen, vor Störungen sicher sein und ohne Zeitdruck eine Toilette aufsuchen können. Nach Information der Eltern werden diese Voraussetzungen in den Familien recht schnell geschaffen. Um aber wirklich erfolgreich zu sein, muss ein entsprechender „Toilettenschonraum" auch in den anderen Lebensbereichen des Kindes gewährleistet sein. So werden nach Möglichkeit in der Schule, beim Sport oder bei anderen Freizeitaktivitäten Vertrauenspersonen informiert und beauftragt, das Kind während der Therapiezeit zu unterstützen und zu schützen.
- Parallel wird untersucht, ob und welche weitere Unterstützung das Kind durch seine Eltern oder Fachspezialisten für kindliches Erleben und Verhalten braucht. Recht viele einkotende Kinder brauchen eine **Behandlung psychischer Störungen**, um ihre Entwicklung insgesamt – über die Darmfunktionen hinaus – zu stabilisieren und Wohlbefinden zu erleben.

Kapitel 9: Das Wichtigste in Kürze

- Es lohnt sich zu überlegen, welche Faktoren das Kind davon abhalten, altersgemäß zu reagieren.
- Eine gesunde Ernährung ist genau so wichtig wie das richtige Reagieren auf Toilettengänge.
- Nur das erfolgreiche Absetzen des Stuhls auf der Toilette ist das erwünschte Verhalten – nicht das Nicht-Einkoten.
- Beim Behandlungsvorgehen gegen das Einkoten werden das Kind *und* die Eltern „behandelt".

10

Ihr neuer Weg ins Trockene: Welche Schritte führen zum Erfolg?

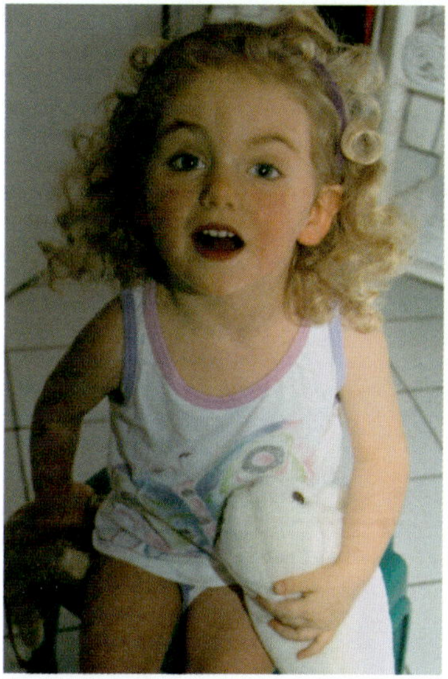

In diesem Kapitel erfahren Sie, ...

- warum das Abstellen eines Warnlämpchens noch lange keine Reparatur ist
- wie Sie auf neuen Wegen trocken zum Ziel kommen – und welche Weichen Sie dafür stellen müssen
- warum Sie einen neuen Job übernehmen müssen, wenn Sie Ihre alten Probleme loswerden wollen
- wer für die Blase Ihres Kindes zuständig ist – und wer für seine Sorgen
- wie sie auf dem „Kriegsschauplatz Einnässen“ Frieden schaffen können
- wie Sie gewinnen können, weil Sie nichts zu verlieren haben

Warum sage ich Ihnen das?

- Damit es Ihnen leichter fällt, Ihrem Kind zu helfen.
- Damit Sie erkennen können, wie Sie Schritt für Schritt dem Ziel „Kein Grund zum Einnässen mehr vorhanden“ näher kommen können.
- Und damit Sie genau wissen, weshalb Sie ab jetzt den Mut haben müssen, mit Ihrem Kind neue Wege zu gehen – weg von noch mehr Belastungen und hin zum Erfolg.

Nicht das Signal ausschalten – sondern den Defekt reparieren

Mit Hilfe eines Bildes kann man oft klarer sehen. Stellen Sie sich einmal vor, Sie fahren nach einem langen Arbeitstag auf einer einsamen Landstraße. Es ist dunkel und hat zu regnen begonnen. Eigentlich wollten Sie schon vor Stunden zu Hause sein. Aber es kam so viel dazwischen, und im Nu war Ihr ganzer Terminplan über den Haufen geworfen. Beim Routineblick über das Armaturenbrett stellen Sie plötzlich fest, dass ein rotes Warnlämpchen aufleuchtet. Das hat Ihnen gerade noch gefehlt!

Wie würden Sie sich in einer solchen Situation verhalten?

1. Möglichkeit: Anhalten, die Sicherung zur Beleuchtung der Armaturen herausnehmen (wobei auch das Alarmlämpchen erlischt), weiterfahren und hoffen, dass alles gut geht, bis Sie zu Hause sind. Und morgen ist morgen, da wird man dann weitersehen.

2. Möglichkeit: Anhalten, Handschuhfach öffnen, Betriebsanleitung lesen, Ursache für Alarmlämpchen identifizieren, *„Aha, es fehlt Öl!“*, aussteigen, Ölstand prüfen. *„Oh je!“* Aus dem Kofferraum eine Reservedose Motoröl holen, Motorhaube öffnen, Öl auffüllen, Ölstand nochmal prüfen, beruhigt wieder einsteigen und starten. Das rote Alarmlämpchen bleibt aus. Sie fahren nass, aber in aller Ruhe nach Hause.

Wahrscheinlich würden die meisten von Ihnen die zweite Möglichkeit wählen und die erste als äußerst kurzsichtig ablehnen. Wer kommt schon auf eine derartige Idee? So kann das Problem doch gar nicht gelöst werden. Das ist Augenwischerei und kann obendrein den Motor kosten. Mit dem Ausschalten des Warnlämpchens wird schließlich nur das Signal ausgeschaltet, nicht aber die Ursache (der Ölmangel) beseitigt.

Warum tauchen vergleichbare Gedanken eigentlich nicht auch bei der Behandlung einnässender Kinder auf? Hier werden allzu oft Lösungen gewählt, die der ersten Möglichkeit entsprechen, also nur das Symptom behandeln. Über Jahre hinweg wird versucht, das Warnlämpchen „Einnässen“ abzustellen – immer wieder ohne Erfolg. Selbst wenn inzwischen weitere Warnlämpchen angegangen sind, die ganz klar signalisieren: Hier stimmt etwas Grundsätzliches nicht.

Immer wieder versucht man, das Warnsignal „Einnässen“ auszuschalten. Mit vielen Mitteln: Möglichst wenig Flüssigkeit, möglichst oft zur Toilette, tagsüber, aber auch nachts, deshalb mehrmals wecken, die Blase trainieren, damit sie mehr und besser hält. Irgendwie muss das Einnässen weg, Stop und aus. Zu viele Familienmitglieder und zu viel Familienleben leiden darunter. Denn es bessert sich nichts.

Der Wunsch, das Einnässen abzustellen, ist mehr als verständlich. Doch inzwischen wissen Sie, dass Manipulationen an der Urinmenge und an der Blase selbst bei Enuresis nicht die Lösung sein können. Denn die Blase ist nicht zu klein, zu schwach und auch nicht unzureichend verschlossen. Mit solchen auf die Organe ausgerichteten Maßnahmen schafft man es nicht einmal, das

Warnlämpchen auszuschalten – geschweige denn, die Ursache zu beseitigen. Es ist also sinnlos, das Übel beseitigen zu wollen, ohne das Übel an der Wurzel zu packen. Denn das Einnässen ist ja nur das Signal, das Symptom. Zuallererst geht es darum, die **Gründe** zu **beseitigen**, die das Signal „aufleuchten“ – also das Kind einnässen lassen. Wenn es gelingt, diese Gründe zu erkennen und zu beseitigen (denken Sie an die „Belastungstage“ im Einnässkalender), dann hört das Einnässen ganz von selbst auf – so wie das Warnlämpchen im Auto ganz von selbst ausgeht, sobald der Motor wieder genug Öl hat.
Wenn keine organischen Ursachen für das Einnässen vorliegen, keine Fehlbildungen, Stoffwechselstörungen oder Fehlfunktionen bei der Muskelkoordination, ist es unnötig – ja sogar schädlich – regulierend auf die Aktivitäten von Nieren, Blase, Nerven und Muskeln einzuwirken. Das wäre eine reine Symptombehandlung – der untaugliche Versuch, ein Symptom, also ein Zeichen oder Signal für einen Fehlablauf zu beseitigen, ohne die Ursachen für diesen „Fehler“, auf den das Signal ja hinweist, zu suchen. Sie verstehen: Dem Warnlämpchen den Saft abdrehen – das bringt nichts.
Und dazu kommt: Das Einnässen spielt hier auch gar nicht mit, wie viele Eltern sicher schon leidvoll erfahren haben. Der typische Einnässverlauf – **nach Belastungstagen vermehrt nass, nach Normaltagen vermehrt trocken** – bleibt auch unter der Therapie erhalten. Flüssigkeits-Einschränkung, nächtliches Wecken, Blasentraining, Antidepressiva oder nieren- bzw. blasenspezifische Medikamente sind ungeeignet, eine nicht organisch bedingte Enuresis endgültig oder auch nur längerfristig zu heilen. Und damit nicht genug: Flüssigkeits-Einschränkung und nächtliches Wecken stellen für viele Kinder eine so große Belastung dar, dass durch sie allein die Zahl der nassen Nächte noch zunehmen kann.

Kennen Sie diese Situation?

- *„Sie hatte etwas Fanatisches, unsere Einnässgeschichte. Jede neue Behandlungsmethode, jedes Mittelchen, von dem wir gelesen oder gehört hatten, mussten wir – das heißt: eigentlich nur unsere arme* ***Claudia*** *– auspro-*

bieren. Die ersten zwei Nächte, mal sogar acht Nächte am Stück, klappte jedes Wundermittel. Unsere Claudia war plötzlich trocken. Neue Besen kehren ja bekanntlich gut. Und wir dachten: ‚Das gibt es doch nicht. ***Das*** *ist es jetzt gewesen?' Doch, von wegen Erfolg! Egal, was es war – die Spezialunterwäsche zur gleichmäßigen Temperierung der Blase, der Fußkeil im Bett oder wirkstoffreiche Mittel wie Antidepressiva, aber auch Pfefferminzpastillen, neue Bettwäsche oder Walgesänge zum Einschlafen – wir konnten uns immer darauf verlassen: Nach einem Starterfolg begann das Einnässen nach ganz kurzer Verschnaufpause wieder. Als ob es nur eine Auszeit genommen hätte, um uns dann erneut mit seiner Anwesenheit zu erfreuen.*
Besonders schlimm, aber im Nachhinein unheimlich wichtig, waren unsere Erlebnisse mit einer heiß empfohlenen und garantiert erfolgreichen Nacht-Weck-Serie. Vier Nächte lang hielten wir einen Rhythmus von zwei Stunden Schlaf, Wecken, Toilettengang, zwei Stunden Schlaf, Wecken usw. durch. Erst als eine Nachbarin meinen Mann und mich fragte, ob denn jemand bei uns im Haus schwer krank sei, schauten wir uns an und sagten wie aus einem Munde ‚Ja, wir beide!'. Und dann bekamen wir die Quittung für diesen Wahnsinn: Claudia war eine Nacht nach Abbruch der Weckserie trocken, sie konnte nämlich überhaupt nicht mehr schlafen und musste sich mehrmals übergeben. Dafür nässte sie nun fast einen Monat lang auch tagsüber ein, was sie vorher noch nie getan hatte.
So weit hatte es bei uns erst kommen müssen, bis wir begriffen hatten: ‚Das alles muss jetzt ein Ende haben. Keine Therapie mehr, auch kein ganz kleiner Versuch!' " (Mutter der achtjährigen Claudia).

Genau das muss passieren. Genau zu dieser Erkenntnis müssen Eltern erst einmal kommen, um den Hebel herumzureißen und die Weichen für einen neuen, endlich wirklich erfolgreichen Weg zu stellen. Die Leidensgeschichte muss zwar nicht unbedingt so lang und strapaziös sein – und sie muss auch keinen derart dramatischen Höhepunkt haben. Aber solange die eindeutige Abkehr von den bisherigen Therapieversuchen und den inzwischen selbst entwickelten familiären Anti-Enuresis-Programmen noch nicht vollzogen ist, gibt es für das Trockenwerden keine realistische Chance.

Der neue Weg zum Trockenwerden: Welche Schritte müssen Sie gehen?

Schritt 1: Die Liste des schlechten Gewissens

Stellen Sie eine Liste zusammen, in die Sie alle Punkte eintragen, die Sie wegen des Einnässens Ihres Kindes oder speziell gegen sein Einnässen durchführen. Das klingt ganz einfach: zum Beispiel kontrolliertes Trinken, abendliches und nächtliches Wecken, Windelpflicht, zur Toilette schicken nach der Uhr – das alles fällt einem schnell ein. Aber erst beim genaueren Hinsehen merkt man, wie viele Maßnahmen sich inzwischen verselbständigt haben und schon ganz automatisch über den Tag mitlaufen.
Einige Beispiele aus meiner Beratung sollen Sie an Ihre hauseigenen Besonderheiten erinnern, damit diese bei der Auflistung nicht vergessen werden – zum Beispiel:

- Der zufällige Griff unter die Bettdecke beim Guten-Morgen-Sagen
- Nur eine Tasse Schoki zum Frühstück
- Seit Jahren keine geliebte Spargelcremesuppe nach Omas Rezept, weil Spargel „wassertreibend“ ist
- Nie barfuß laufen dürfen, damit die Blase sich nicht auch noch verkühlt
- Kein Toilettengang ohne deutliches Familieninteresse, nie ohne ein zusätzliches Paar beobachtender Augen und lauschender Ohren
- Der letzte Satz vor dem Gute-Nacht-Sagen heißt nicht *„Schöne Träume“* oder *„Ich mag Dich“*, sondern *„Warst Du noch auf der Toilette?“*
- Die ins Nachtgebet eingeschlossene Bitte für eine trockene Nacht

Alle Punkte in dieser Liste sind von den Eltern gut gemeint – aber jeder einzelne Punkt belastet das Kind. Denn das Thema „Einnässen“ steht von morgens bis abends auf der Tagesordnung. Das Kind fühlt sich ständig an sein „Versagen" erinnert. Die fatale Folge: Schuldgefühle und schlechtes Gewissen rund um die Uhr. Das Ergebnis ist vorprogrammiert: Noch mehr nasse Nächte. Obwohl alles so gut gemeint war.

Schritt 2: Die Liste vergessen

Haben Sie die Liste fertig? Ist sie vollständig? Dann kommt jetzt der nächste Schritt: Lassen Sie ab heute bewusst alle Listenpunkte weg. Vergessen Sie keinen beim Vergessen. Dafür war die Liste nötig. Denn weglassen können Sie immer nur das, was Sie als falsch erkannt haben. Nur so kommen Sie und Ihr Kind aus dem Teufelskreis vorwurfsvoller Tage und nasser Nächte raus.

Schritt 3: Das *„Nie mehr"*-Spiel

Jetzt kommt das Durchatmen, zusammen mit Ihrem Kind. Genießen Sie mit ihm das *„Nie mehr"*-Spiel: Nie mehr nachts allein das Bett beziehen müssen, nie mehr nachts geweckt werden, nie mehr durstig ins Bett, nie mehr der Wecker mitten im Spiel. Dann steht einem Neuanfang nichts mehr im Wege.

Schritt 4: Der neue Job

Der Neuanfang startet mit einer Beschreibung Ihres neuen Arbeitsplatzes. Sie sind zwar als „Blasen-Kontrolleur" fristlos entlassen (mangels Erfolg), haben aber eine weit höhere Position bekommen – nämlich als „Belastungs-Detektiv", als persönlicher Helfer (ein verdienstvoller Job, mit dem Sie sich viel Anerkennung holen können).
Ab sofort interessiert sich niemand mehr dafür, wieviel getrunken wird, wann zur Toilette gegangen oder eben nicht gegangen wird. Dafür hat sich nun Ihr Interesse ganz auf das auszurichten, was Ihr Kind erlebt und – ganz wichtig – wie es ihm dabei geht, was es dabei empfindet. Sie müssen wissen, wann es

Kummer hat. Denn gerade bei Kummer braucht es Ihre Zuwendung und Ihre Hilfe – und zwar, bevor sein starker Zuwendungs-Wunsch aufgrund alter Erinnerungen das Kommando zur Harnabgabe auslöst (siehe auch die Geschichte mit der „Sprechblase“ in Kapitel 6).
Vor diesem Hintergrund verstehen Sie, dass Kalender-Führung und Kalender-Auswertung ab jetzt zu Ihren Aufgaben gehören. Unseren Spezialkalender, eigentlich ein Tagebuch, kennen Sie ja schon aus Kapitel 6. Relativ unwichtig dabei ist, wie viele trockene und wie viele nasse Nächte es gibt. Ganz unwichtig ist, wieviel an den Tagen vor den einzelnen Nächten getrunken oder nicht getrunken wurde. Sie interessiert nur, was an den Tagen *passiert* ist:

- **Welche Belastungen sind es, die mein Kind einnässen lassen?**
- **Welche besonderen Ereignisse haben plötzlich trockene Nächte oder Tage zur Folge?**

So ein Kalender lässt oft recht schnell klar sehen und die Zusammenhänge verstehen. Doch das ist nicht immer so einfach. Deshalb ist es immens wichtig, dass die Belastungen aus Kindersicht eingetragen werden und nicht die Ereignisse und Vorfälle, von denen die Eltern meinen, hier eine Belastung für ihr Kind zu sehen.
Schulische Probleme oder Unwohlsein infolge einer Krankheit werden erfahrungsgemäß von Kind und Eltern am ehesten erkannt und als Belastung eingestuft. Auch bei Konflikten zwischen Freunden gibt es wenig Diskussionen, ob diese nun eine Belastung für das Kind darstellen oder nicht.
Schwieriger – mitunter auch nicht allein in den eigenen vier Wänden lösbar – wird die Sache, wenn Situationen im Familienleben die Hauptursache für Belastungen (und damit für das Einnässen) sind. Eigene Betroffenheit, unbeweglich machende familiäre Verflochtenheit oder einfach ein gewisses Maß an Betriebsblindheit verlangen viel Stärke, Verständnis, Empathie und Geduld zur Lösung, mitunter zu viel. Hier kann ich nur raten, den Weg zur Beratung nicht zu scheuen und Hilfe von Spezialisten anzunehmen, denen ihre Neutralität hilft, mit dem nötigen Abstand „reinzusehen“ und die deshalb rein fachlich motiviert Unterstützung bieten können.

Anfangs war für mich das fehlende Verständnis vieler Eltern für die Alltagssorgen ihrer Kinder unerwartet hoch. Heute weiß ich, dass es schwer fällt, bei „normalen“ Anforderungen eine besondere Hürde zu erkennen.

- *„Wie kann denn für **Matthes** all das ein Problem sein, was andere Kinder mit links machen? Krach im Schulbus, an dem er wohlgemerkt nicht beteiligt war, hat er als Grund gesehen, um einen Minustag einzutragen. Oder als er beim Umbau des Schulhauses immer in irgendwelchen Ersatzräumen Unterricht hatte, das hat ihm den Tag geschmissen. Bis wir das begriffen hatten, bis mein Mann akzeptiert hatte, dass es diese Dinge sind, die unseren Sohn umwerfen, haben wir bereits ein Vierteljahr Kalender geführt. Jetzt wissen wir, wie wir helfen und wo wir mit Stärkung ansetzen können. Der Erfolg beginnt sich einzustellen.“*

Schritt 5: Die tägliche Umsetzung

Jetzt steht nur noch die Umsetzung ins tägliche Familienleben, in den Alltag an. Was aus der Kalender-Analyse folgen muss, ist eigentlich ganz einfach:
Auf der einen Seite müssen die Belastungen, die zum Einnässen führen, verringert und dann so schnell wie möglich aus der Welt geschafft werden. Indem man sie, wenn möglich, tatsächlich beseitigt oder – was häufiger nötig sein wird – dem Kind Bewältigungs-Strategien an die Hand gibt, die ihm die Angst nehmen und ihm die Sicherheit geben, auch Unangenehmes, an dem man nicht vorbeikommt, zu bewerkstelligen.
Und auf der anderen Seite müssen die besonderen Erlebnisse und Erfahrungen, die das Kind trocken sein lassen, gepflegt und vermehrt werden. Damit die sie begleitenden guten und sicheren Gefühle immer wieder aufkommen. Dann ist das Kind befriedigt, fühlt sich angenommen, wertgeschätzt und geliebt – und dann verkraftet es auch Belastungen besser.

Das Einnässen wird unnötig. Es hört auf – weil sich niemand mehr um die Blase kümmert, dafür um so mehr um das Kind.

Die drei Voraussetzungen für Ihr Sauberkeits-Erfolgs-Programm

Voraussetzung 1 kennen Sie bereits. Es ist die kompromisslose Abkehr vom bisher erfolglosen Therapieweg.

Voraussetzung 2 ist eine neue Lockerheit dem Einnässen gegenüber, die Eltern und Kind sich erst bewusst aneignen müssen. Das klingt recht einleuchtend, ist sicher auch in seiner Bedeutung nachvollziehbar, aber dennoch alles andere als einfach.

Die wenigsten Eltern, die in Beratungen kommen, nehmen das Einnässen ihres Kindes locker. Sonst kämen sie ja wahrscheinlich auch nicht. Es ist zu einem zu großen Problem geworden, mit zu viel Misserfolg beladen, oft auch mit gegenseitigen Verletzungen verbunden, die die Eltern-Kind-Beziehung zumindest in diesem Punkt verkrampfen lassen. Das Einnässen und sein therapeutisches Beiprogramm sind in Einzelfällen zum „Kriegsschauplatz" zwischen dem Kind und meist einem Elternteil geworden.

Jetzt die bisherigen Maßnahmen gegen das Einnässen fallen zu lassen – von einem Tag auf den anderen – das ist schwierig, weil sie bislang die Hauptaktivitäten zwischen den beiden Kontrahenten darstellten. Zum Beispiel, ob und wieviel man trinken darf, ob jetzt oder ob eben jetzt nicht zur Toilette gegangen wird, ob eine nasse Hose selbständig oder mit Hilfe oder überhaupt nicht ausgezogen wird, ob Windeln getragen werden müssen oder aber nicht erlaubt sind. Die Ansatzpunkte für Probleme können vielfältig sein. Das Einnässen und seine Behandlungen bieten ein breites Spektrum an Kampfmöglichkeiten.

Und diesen täglichen Kampf gegen das Einnässen soll man jetzt einfach vergessen? Das schafft niemand so „mir nichts, dir nichts" von heute auf morgen. Dieses so wichtige gemeinsame Durchatmen und Durchstarten klappt nicht sofort. Es verlangt sorgfältige Vorbereitung. Der Neuanfang kommt erst langsam in Gang.

Aber werfen Sie die Flinte nicht gleich ins Korn. Wenn Sie den Neuanfang wirklich wollen, dann werden Sie ihn auch schaffen. Oft steht bereits seit Jahren der Kampf im Mittelpunkt der täglichen Beziehungen. Dieses Konfliktpotential verschwindet nicht von einem Tag auf den anderen. Am Kampf *„Toilettengang – ja oder nein"*, dem häufigsten Beispiel in meiner Beratung, möchte ich Ihnen eine erfolgreiche Lösung aufzeigen.

Versuchen Sie, sich zu verdeutlichen:

- Ihr Kind will Sie mit der Weigerung, auf die Toilette zu gehen (und dem Einnässen einige Minuten später) nicht bösartig provozieren, sondern es versucht auszutesten, ob es eigentlich bei Auseinandersetzungen immer derjenige ist, der verliert, der nachgeben muss.
- Es täte nichts lieber, als in aller Ruhe zum selbstgewählten Zeitpunkt auf der Toilette Harn zu lassen – von niemandem bemerkt und registriert – also umgeben von Menschen, die sowohl an der Tatsache wie am Ergebnis des Toilettengangs gänzlich uninteressiert sind.
- Das aber kann es nicht mehr, weil inzwischen zuviel Negatives, Ängstigendes und Verkrampfendes passiert ist, das nun aus einem harmlosen Toilettengang ein erzwungenes, deprimierendes und demütigendes Ereignis gemacht hat – eine gehasste Aktion, gegen die man aufbegehren muss, wenn man nicht Gefahr laufen will unterzugehen.

Es gibt nur einen Weg für einen erfolgreichen Neuanfang: Jagen Sie das ganze Thema zum Teufel.

Klammern Sie es völlig aus der Konversation aus, und zwar aus der verbalen wie der nonverbalen. Vermeiden Sie alles, was mit dem Thema „Einnässen" zu tun hat – ob Worte oder Blicke, Mimik oder Gesten, auch Wutschnauben oder Stöhnen. Das ist der beste und einzige Weg, aus dem ganzen Dilemma herauszukommen und einen Neustart zu schaffen.

Anfangs wird es drunter und drüber gehen, wenn plötzlich dieses Gesprächs-Thema und die dazugehörigen Erziehungs-Programme wegfallen. Ihr Kind wird ab und zu trocken, meist nass sein, mal zur Toilette gehen, mal nicht, ganz lange den Toilettengang hinausschieben, den Urin einhalten, auf Ihre Aufforderungen warten, Sie nicht aus den Augen lassen. Denn Sie waren ja bisher für alles im Umkreis der Blase tonangebend. Ihr Kind wird wie gewohnt Tadel oder Vorwürfe beim Einnässen erwarten, Lob beim „selbstverständlichen" Toilettengang – und es wird die Welt nicht mehr verstehen, wenn beides nicht kommt.

Deshalb müssen Sie Ihrem Kind vermitteln: *„Ab jetzt bist Du für Deine Blase zuständig, nicht mehr ich. Und Du kannst es!"* – *„Kümmert sich denn keiner mehr um mich?"* so wird Ihr Kind wahrscheinlich fragen, wenn seine Blase, sein Einnässen, sein Trockensein plötzlich keine Themen mehr sind. Auch, wenn Ihr Kind diese Frage nicht offen stellt – machen Sie ihm auf jeden Fall klar: *„Doch, um* ***Dich*** *kümmern* ***wir*** *uns sehr, vielleicht sogar noch mehr als zuvor. Aber um Deine* ***Blase*** *musst* ***Du*** *Dich kümmern. Das ist jetzt* ***Dein*** *Job"*.

Ich komme nochmal auf das Thema „Zur-Toilette-schicken" oder „Nicht-zur-Toilette-schicken" zurück.
Weil um dieses Thema die meisten Fragen kreisen:

- Nicht schicken
- Höchstens erinnern
- Oder: *„Ich geh' noch kurz zur Toilette, bevor wir losfahren, muss noch jemand?"* So nebenbei, wie die Frage: *„Brauchen wir Schirme?"* · *„Hat jemand an den Einkaufskorb gedacht?"*
- Aber kein Nachhaken, kein zwingender Blick, keine auffordernde Gestik

Hier kommen wir zur **3. Voraussetzung**: Eine strikte Arbeits- und Kompetenz-Aufteilung wird nötig. *Ihr Kind* bekommt das Management über seine Blase zurück – und *Sie* sind für die Bewältigung der Sorgen zuständig.

Eigentlich ist damit der jeweilige Arbeits- und Verantwortungsbereich klar, beide sind eindeutig voneinander getrennt. Doch beobachte ich immer wieder eine

spezielle Situation, in der wieder eine nicht erstrebenswerte Vermischung drohen kann.
Toilettengänge sind für einnässende Kinder und auch noch einige Zeit für ehemalige „Einnässer" stressig. Schließt sich die Klotür hinter dem Kind, sollte es die nötige Ruhe für eine entspannte Harnabgabe finden. Comics, Bücher oder ein Kassettenrecorder auf der Toilette können helfen, im oft verhassten Raum positive und somit entspannende Gefühle aufkommen zu lassen.
Sollte die Enuresis-Geschichte Spuren hinterlassen haben – das heißt: Wenn Ihr Kind sich ein auffallendes, eher ungewöhnliches Harnlassen in Hektik und unter Spannung angewöhnt hat – so sind entspannende Übungen vor und beim Wasserlassen wichtig. Aber wer bringt dem Kind bei, sich zu entspannen, seine Wahrnehmung auf die vollständige Blasenentleerung zu konzentrieren, in aller Ruhe zu Ende zu pinkeln? Die Eltern, weil das ja in den Sorgenbereich zählt? Oder gerade nicht die Eltern, weil hier wieder die Blase und das Toiletten-Procedere angesprochen werden, die beide nun endlich nicht mehr in ihr Ressort fallen?
Für viele Eltern sind das heikle Fragen, für die ich Ihnen aber eine erprobte Lösung anbieten kann: Reden Sie mit Ihrem Kinderarzt oder Ihrer Kinderärztin. Sagen Sie ihm (oder ihr) zuerst, dass Sie und Ihr Kind eine neue Arbeitsteilung vereinbart haben:

Ihr Kind ist der „Blasen-Manager" – Sie sind der „Sorgen-Manager".

Damit machen Sie Ihrem Arzt sofort klar, warum Sie gerade nicht in die Rolle des Mittherapeuten zu Hause schlüpfen wollen.
Legen Sie das Thema „Entspannungs-Übungen" vertrauensvoll in die Hand des Arztes. Bitten Sie ihn, ihrem Kind als fachkundiger Außenstehender die wichtigen Zusammenhänge zu erklären und – falls es bereits lesen kann – einen Merkzettel mitzugeben. Darauf kann zum Beispiel stehen: *„Setze oder stelle Dich bequem hin, keine Eile, also kein Pressen und Drücken"*. Vielleicht wird auch geraten, nach der Harnabgabe noch kurz auf der Toilette zu bleiben

und es noch mal zu versuchen, denn oft kommen noch einige Tropfen Urin nach.

Das ist eine gute Lösung – und eine wichtige Hilfe für Ihr Kind. Denn Ihr Kind weiß so, wie es einfacher geht und was es besser machen kann, wenn es ungestört auf der Toilette ist. Es fühlt sich aber nicht wieder blasenmäßig entmündigt und kontrolliert. Denn Sie als Eltern mischen sich ja jetzt nicht mehr in seine Blasenbelange ein. Sie fungieren nur noch als Vorbild zum Nachahmen, so wie Sie es in den ersten drei Kapiteln zur Sauberkeits-Erziehung gelernt haben.

All das ermöglicht erste Erfolge:

- Die Beendigung erfolgloser Therapieversuche
- Der neue Umgang miteinander
- Aufmerksamkeit für ineffiziente kindliche Erlebnisbewältigung
- Einfühlungsvermögen in seinen Kummer
- Gleichzeitig die Rückgabe der Verantwortung über die Blasen-Kontrolle in die Hand des Kindes

Nur Sie als Eltern können Ihrem Kind helfen, seine Einnässgründe zu finden. Und nur Sie können diese Belastungen gemeinsam mit Ihrem Kind beseitigen. Das ist keine kleine, aber die einzig richtige Aufgabe. Denn nur so schaffen Sie es gemeinsam, dass Ihr Kind trocken – und glücklich wird.

Kapitel 10: Das Wichtigste in Kürze

- Verzichten sie ab sofort auf alle bisher erfolglos versuchten Behandlungs-Methoden und Therapien. Nur so können sie Ihr Kind entlasten. Nur so bekommt Ihr Kind die Chance zum Trockenwerden.
- Hören Sie auf mit Ihrem täglichen Kampf gegen das Einnässen. Kümmern Sie sich um Ihr Kind – und nicht um dessen Blase.
- Stärken Sie sein Selbstbewusstsein, und zeigen Sie Ihrem Kind jeden Tag aufs Neue, wie toll Sie es finden. Dann hat die Blase bald keinen Grund mehr zu rebellieren.

11

Individuelle Erfolgs-Geschichten

In diesem Kapitel erfahren Sie, ...

- dass Erfolg Zeit braucht,
  weil jedes Kind sein eigenes Entwicklungstempo hat
- dass Sie Vertrauen in Ihr Kind haben müssen
  und ihm das auch vermitteln sollen
- wie wichtig es ist, Ihrem Kind die Verantwortung für seine Blase
  zu übergeben
- wie Sie sich Ihrem Kind mehr zuwenden können
- dass, obwohl Sie schon alles versucht haben,
  das Richtige offensichtlich noch nicht dabei war
- wie Sie erkennen können, welche Hilfe Ihr Kind wirklich braucht

Warum sage ich Ihnen das?

Um Ihnen Mut zu machen.

Felix

Kaum zu glauben, aber wirklich wahr: Felix ist erst mit 5¾ Jahren nachts trocken geworden. Sein Bruder Maximilian hatte das schon mit drei Jahren geschafft. Auf den zwei Jahre jüngeren Bruder war Felix sehr eifersüchtig. Vielleicht mit ein Grund, warum er so lange brauchte. Felix' Vater brauchte in seiner Kindheit auch oft am längsten.
Es hat lange gedauert, bis bei Felix ein wenig Erfolg sichtbar war. Jede Nacht stand ich auf und ging schauen, ob er nass war. Es passierte etwa vier- bis fünfmal in der Woche. Ganz schlimm war es bei Vollmond. Ich weinte oft und war sehr verzweifelt. In der Regel sind die Kinder doch mit vier bis fünf Jahren trocken, heißt es. Ich redete mit anderen Müttern aus meinem Bekanntenkreis. *„Mach dich nicht verrückt"*, sagten sie. Das war für mich wieder ein Trost. Beim Urologen waren wir auch zweimal: *„Alles in Ordnung."* Lebhafte Kinder bräuchten schon manchmal länger. Ich könne es mit einer Klingelmatratze probieren, aber ich wollte es nicht und machte einfach so weiter.
Ich kaufte mir das Buch *„Wie Kinder sauber werden können"* und las, dass man einen Einnässkalender erstellen kann. Eine Weile machte ich das. Manchmal klappte es, manchmal nicht. Felix wurde nachts einfach nicht wach, um auf die Toilette zu gehen. Mit Wecken, wie mein Kinderarzt empfahl, erreichte ich auch nichts. So schrieb ich an die Autorin. Das Gespräch mit ihr half mir doch etwas weiter. Geduld, Geduld. Ich fuhr mit Felix zur Mutter-Kind-Kur, hauptsächlich wegen asthmatischer Probleme. In der Kur wurde es besser. Von 20 Tagen nässte er nur an sieben Tagen ein. Für mich war das ein Hoffnungs-

schimmer. Zu Hause klappte es dann auch wirklich besser. Er muss jetzt auch nachts gar nicht oft zur Toilette. Und wenn, dann merkt er es, und ich gehe mit ihm. Auch wenn „es“ wirklich mal passiert, ist es kein Beinbruch mehr.

David

Eigentlich hätte alles viel, viel einfacher sein können, aber manchmal verliert man den Blick für normale Entwicklungsabläufe und das Vertrauen auf Gott. David ist ein fröhlicher, aufgeschlossener und feinfühliger Junge. Von Geburt an war er ein recht schnellwüchsiges Kind und in manchen Wachstumsphasen schien seine Muskulatur gar nicht hinterherzukommen. Durch Sport und spielerische Aktivitäten schafften wir einen guten Ausgleich. Nur beim nächtlichen Trockenwerden zimmerten wir für David und uns als Eltern ungewollt ein echtes Problem. Im Alter von 2½ bis drei Jahren wurde David ganz selbstverständlich am Tag trocken. Nur nachts warteten wir auf den Durchbruch. Sein zwei Jahre jüngerer Bruder war schon mit 2½ Jahren trocken. Und David – jetzt bereits 4½ Jahre alt – war damit sichtbar von seinem jüngeren Bruder überholt worden.
Jetzt fingen wir an, uns ernsthaft Sorgen zu machen, ob wir irgendwann den rechten Zeitpunkt in der Erziehung von David verpasst hatten. Waren wir zu geduldig, zu abwartend und zu vertrauensvoll gewesen? Da der Kinderarzt uns immer nur vertröstet hatte, gingen wir zu einem zweiten. Der führte die üblichen Untersuchungen durch: Ultraschall, Harndrang, Hormone. Befund: *„Alles gesund“*.
Ab jetzt ließen wir nichts mehr unversucht: Nächtliches Wecken ohne Erfolg. Schlafen ohne Windeln in der Hoffnung, dass er sich dadurch selbst besser spüren könne und zu reagieren lerne.
Wir versuchten es mit Belohnung, mit Kneipp'schem Wassertreten vor dem Schlafen. Aber nichts half. Wir zweifelten an der Gesundheit unseres Sohnes. Für David gestaltete sich alles zunehmend unnatürlich. Er spürte unsere Anspannung, unsere Sorge und Ungeduld, manchmal auch Verzweiflung, die wir

teilweise nicht mehr verbergen konnten. Die letzte Möglichkeit für ihn, sich selbst zu schützen und die Hoffnung und das Vertrauen auf sich selbst nicht ganz zu verlieren, war eine für uns scheinbare Gleichgültigkeit, die er mehr und mehr nach außen hin signalisierte. Ein Teufelskreis.
Doch dann fiel mir der Eltern-Ratgeber *„Wie Kinder sauber werden können"* in die Hände. Es tat einfach gut darin zu lesen. Denn plötzlich war unsere Situation gar nicht mehr so außergewöhnlich. Uns wurde klar, dass viele Betroffene dieses Thema aus Angst verschweigen. Wir nahmen Kontakt mit der Autorin auf und bekamen wirklich hilfreiche Verhaltenstipps.
In dieser Zeit stand dann ein zweiwöchiger Urlaub an, und ich bekam Angst vor dem Wäscheproblem. Es hatte zwar im letzten halben Jahr drei trockene Nächte gegeben, aber ich konnte mich nicht darauf verlassen. So griff ich in Absprache mit David zur „Klingelhose". In meinen Augen eine Notlösung, für David aber endlich eine Möglichkeit, alles selbständig zu erledigen, auch über die Zeit des Urlaubs hinaus. Nach knapp sieben Wochen verkündete er, er wolle das Höschen jetzt weglassen, er könne das auch so. Und tatsächlich, es klappte. Zwar muss er nachts noch auf die Toilette, aber er spürt sich und kann aus dem Schlaf heraus für sich selbst sorgen. Die selbständige Blasen-Kontrolle hat sich bei ihm eingestellt.
Wir wissen jetzt, dass das Vertrauen auf den körperlichen Reifungsprozess von Anfang an besser geholfen hätte als all die vergeblichen Maßnahmen. David brauchte einfach länger, war dafür aber anderen Kindern in ganz anderen Lebensbereichen eine Nasenlänge voraus. Alles hat eben seine Zeit.

Leon

Sieben Jahre und vier Monate – so lange hat es gedauert, bis unser Sohn am Tag trocken wurde. Genau diese Zeit hat er gebraucht, um seine körperlichen Bedürfnisse überhaupt richtig wahrzunehmen, ihnen eine Wichtigkeit zu geben – neben Spielen, Träumen und dem täglichen Alltagslernen. Ein viel beschäftigter Junge von Anfang an, den Kopf voller Ideen. Alles war immer interessant – nur nicht der Gang zur Toilette.

Irgendwo da hat sich der innere Konflikt bei uns Eltern entwickelt. Wie konnte unser Kind, das mit vier Jahren über ägyptische Begräbnisrituale Bescheid wusste, sich so schwer tun, so verweigern? Aber genau das war es wohl. Er ließ sich selbst keinen Raum für körperliche Notwendigkeiten. *„Nasse Hosen, ist mir doch egal.“* Wie oft habe ich ihn fluchen hören: *„Immer dieses verdammte Pipimachen, ich habe keine Zeit.“* Nachts hingegen: Loslassen und Entspannung, nicht ein einziges Mal nass.

Das Problem hatten wir Eltern, weil wir den Widerspruch nicht auflösen konnten und uns in Machtkämpfe verstrickten. Auf dem langen Weg in Richtung Trockenheit gab es viele Tränen, Ungerechtigkeiten, Kämpfe zwischen Eltern und Kind – einfach viele schlechte Gefühle rund um das sensible Thema Toilette. Ein geradezu verkrampftes Festhalten daran, Schimpfereien, Belohnung und Sanktion, Verständnis und doch wieder Wut, Hoffnung in trockeneren Phasen, Verzweiflung angesichts vieler Rückschritte, die wir Eltern nicht verstanden haben. Was wir dann aber endlich begriffen, war die einzig mögliche Konsequenz: Uns endlich herauszuhalten und unserem Kind die alleinige Verantwortung für seinen Körper zurückzugeben – und damit auch unser Vertrauen in seine Fähigkeiten.

Der Wandel kam ganz allmählich, begleitet von Statements wie: *„Allmählich habe ich die Nase voll von nassen Hosen.“* Deutlich spürbar in dieser neuen Phase war der Stolz auf seine Errungenschaft: *„Ich hab' das jetzt im Griff.“*

Komisch, bei unserer Tochter ging alles ganz von allein: völlig selbständig ohne elterliche Kommentare. Ich denke oft darüber nach, was da eigentlich mit uns geschehen ist. Mit vier Jahren wird es eben Zeit, tagsüber trocken zu sein. Trockensein stand für ein Stück Normalität, an der ich teilhaben wollte. Als Mutter wünschte ich mir, dass mein Kind genauso schnell und vermeintlich perfekt entwickelt ist wie andere Kinder stolzer Eltern.

All die Kommentare und wohl gemeinten Ratschläge besorgter Großeltern oder von Freunden haben auch bewirkt, dass ich zum Teil gar nicht mehr hörte, was mein Kind mir sagte. Ohne es wirklich zu wollen, habe ich Druck ausgeübt und Unruhe gestiftet. Zurückhaltung, Vertrauen und die persönliche Kampfansage gegen den selbst gemachten sozialen Druck haben eine Änderung bewirkt. In Wirklichkeit waren seine nassen Hosen meine seelische Last im großen *„Wer* *hat das tollste Kind?"*-Wettbewerb. Das berühmte „Schema F" hatte für unseren Sohn keine Gültigkeit. Er ganz allein hat das Tempo seiner Entwicklung vorgegeben und damit die Richtung für unser künftiges Miteinander.

Kati

Kati ist heute acht Jahre alt und ein reizendes Mädchen. Sechs Jahren und vier Monate lang hat es gedauert, bis wir nicht mehr sagten: *„Kati ist ein reizendes Mädchen, aber immer nass."*

Bis sie knapp drei Jahre alt war, war uns gar nichts an unserem Kind aufgefallen. Nie hätten wir gedacht, dass sie uns mal solche Sorgen machen würde. Angefangen hat alles damit, dass wir mit zwei befreundeten Ehepaaren am Wochenende auf eine Hütte gingen, und uns wunderten, warum die anderen so wenig Gepäck dabei hatten. Wir begriffen, dass wir die einzigen waren, die noch Windeln mitschleppten. Die beiden anderen Kinder, ein Junge mit 2 ½ und ein Mädchen mit gerade drei Jahren waren schon trocken.

Schon nachts im Schlafsack sagte meine Frau, sie wolle nun auch versuchen, Kati trocken zu bekommen – so schwierig könne das ja wohl nicht sein. Aber es war mehr als schwierig. Der erste Versuch, Kati am Tag keine Windel mehr anzuziehen, schlug fehl. Als das Wasser ihr über die Beine in die Schuhe lief, erschreckte sie sich so, dass sie sich mehrmals übergab.

Unser Kinderarzt riet, Kati einfach wieder eine Windel anzuziehen und zu warten, bis sie eben so weit sei. Wir fühlten uns falsch verstanden und schlecht beraten. Als wir auch noch eine Radiosendung hörten, in der darauf hingewiesen wurde, dass Kinder ganz ohne Erziehung von allein trocken würden, wollten wir diese moderne Welle nicht mitmachen. Wir begannen damit, Kati regelmäßig auf die Toilette zu setzen. Wir kontrollierten den Topfinhalt, weckten Kati nachts mindestens zweimal und gaben ihr abends wenig zu trinken.

Alles ohne Erfolg: Oft waren die Hose oder das Bett nass. Kati wirkte inzwischen verschüchtert und traute sich immer weniger zu. Der Kindergarten sprach uns darauf an. Beim Gespräch stellte sich heraus, dass Kati im Kindergarten

nie eine nasse Hose hatte und wie alle Kinder zur Toilette ging. Die Erzieherin glaubte uns nicht, als wir von unserem „Nassproblem“ zu Hause erzählten. Sie gab uns einen Eltern-Ratgeber mit: *„Wie Kinder sauber werden können“*. Meine Frau las ihn in zwei Tagen durch und empfing mich abends mit den Worten: *„Wir haben alles falsch gemacht.“* An diesem Abend besprachen wir, wie wir uns mehr um Kati kümmern konnten.
Wir machten zum Beispiel oft abends eine Fahrradtour um den Weiher oder einen Stadtbummel. Ungefähr einen Monat lang blieb alles wie gehabt. Dann war zuerst tagsüber die Hose fast nie mehr nass. Jeden Abend betrachtete und befühlte Kati ihre Hose. Es war unser wichtigstes Thema, obwohl wir nie darüber sprachen. Nach einem halben Jahr war Kati trocken, zuerst am Tag, dann auch im Bett. Nie mehr kam es zu einem Rückfall.
Meine Frau und ich sind uns sicher, dass unsere Ungeduld es Kati unnötig schwer gemacht hat, trocken zu werden. Wir würden diese Zeit gern rückgängig machen; aber immerhin haben wir etwas daraus gelernt.

Piet

„Uns kann niemand helfen.“ Davon waren wir überzeugt. Denn alles, was wir zum Thema Trockenwerden gelesen hatten, traf auf uns oder unseren Sohn nicht zu. Unser Problem wurde nirgendwo beschrieben, meinten wir zumindest am Anfang unserer Geschichte. Piet war mit 2¾ Jahren trocken – ohne Probleme, ohne Stress, ganz von allein. Aber mit 3½ Jahren kauften wir wieder Windeln und gaben an der Kasse unser Geld und unsere ganze Hoffnung ab.
Zuerst machte er wieder tagsüber in die Hose. Anfangs nur im Kindergarten. *„Das kommt immer mal vor“*, beruhigte uns die Erzieherin. *„Wir hatten noch kein Kind, bei dem nasse Hosen länger als zwei Monate ein Thema waren.“* Nicht so bei Piet. Mindestens dreimal pro Woche kam er mit Ersatzkleidern aus dem Kindergarten raus. Dann passierte es auch nachmittags zu Hause. Als nächstes kam die Nacht dazu. Dann waren die Wochenenden nass, schließlich sogar die Ferien. Manchmal war die Hose patschnass und randvoll mit Kot.

In Panik versuchten wir alles. Wir haben unser Kind „ausgetrocknet“ (Trinkverbot), dann mit Trinkmengen „ersäuft“ (Overlearning), dann „wachgeklingelt“ (Konditionierung), dann Blasentraining versucht: portionsweise pinkeln und einhalten. Und das war noch nicht alles. Aus jeder Untersuchung brachten wir eine neue Theorie und eine neue Behandlung mit. Irgendwann kamen zwischen vier Tablettenversuchen auch mal Nasentropfen. Bei Piet half nichts, obwohl wir überall zu hören bekamen, dass unser Kind organisch gesund sei, ohne Fehlfunktion.
Im Nachhinein können wir uns nur noch an den Kopf fassen. Völlig chaotisch und angefüllt mit Versagensängsten merkten wir nicht, dass Piet besser drauf war und weniger in die Hose machte, wenn wir mal wieder aus Erschöpfung oder Resignation nicht „therapierten“. So endete in den „Ferien ohne Behandlung“ das Einnässen am Tag, was wir aber erst Wochen später begriffen. An diesem Abend fragte meine Frau: *„Wann lacht Piet eigentlich?“* Wir mussten lange nachdenken und kamen nur auf den Tigerenten-Club. Wir beschlossen an diesem Abend, endgültig Ruhe zu geben. Nirgends wollten wir mehr hingehen. Einfach abwarten.
Plötzlich hatten wir auch Zeit, mit Piet etwas anderes zu tun, als ihn trocken zu machen. Wir fuhren gemeinsam Fahrrad, gingen Eis essen, holten ihn vom Fußball ab, machten bei der Geburtstagsfete eine Suchrallye. Wir erfanden den „Abendklön“ nach dem Abendessen, lasen vor und lernten Piets Freude kennen, weil sie oft zum Spielen kamen. Bei diesen Aktionen blieb das Einnässen auf der Strecke.
Seit knapp zwei Jahren ist Piet pulvertrocken. Wir sind davon überzeugt, wir hätten das schneller – zumindest stressfreier – erreichen können.

Magdalena

Magdalena hatte mehrere Harnwegs-Infekte. Deswegen wurde sie mit drei Jahren im Krankenhaus untersucht. Damals beherrschte sie ihre Blase; Stuhlgang hatte sie nur mit Windel. Das wollte ich ändern und übte Druck in Form von Lob und ständigem Reden aus. Zur selben Zeit kam ihre Schwester Sina auf die Welt. Und ihre zwei Cousinen, mit denen sie bisher täglich gespielt hatte, zogen um. Der Kontakt brach bis auf gelegentliche Besuche ab. Magdalena war traurig. Wir konnten sie nicht trösten.

Mit vier Jahren nässte sie nachts wieder ein. Und tagsüber war die Hose auch immer wieder nass. Ob im Kindergarten, in den Ferien oder zu Hause – es ließ sich kein Schema erkennen. Ein Teufelskreis.

Damals holte ich Hilfe bei einer Psychologin. Sie sagte: *„Magdalena ist eifersüchtig auf das Neugeborene. Ziehen Sie ihr eine Windel an.“* In meiner Verzweiflung tat ich das. Es war mein größter Fehler. Magdalena fühlte sich als Versagerin. Vor allem *ich* sah jetzt nur noch das Einnässen, nicht mehr mein *Kind*.

Die Einnässberatung führte uns dann vor Augen, dass wir Magdalena zu sehr unter Druck gesetzt hatten. Als wir das verstanden hatten, konnten wir unser Verhalten ändern, und es ging ständig aufwärts.

Das Schwerste für uns war die Nichtbeachtung des nassen Bettes, das Wegschauen. Ein Jahr brauchten wir dafür. Unser Ziel war es, das Selbstbewusstsein von Magdalena zu stärken.

Ständig ermunterten wir sie: *„Du machst das richtig. Du kannst ruhig deine Meinung sagen. Hab' Mut!“*. Lieder und Geschichten über starke Mädchen. Jeden Tag eine gemeinsame Spielzeit. Aktivitäten im Freien: Eislaufen, Schwimmen, Skifahren. Der Tag lief immer gleich ab. Magdalena wurde im Voraus über alle Unternehmungen genau unterrichtet, damit sie sich vorbereiten und darauf einstellen konnte.

Das Einnässen in der Nacht wurde bald besser; nach etwa einem bis anderthalb Jahren blieb es aus. Tagsüber dauerte es länger. Irgendwie kam es uns vor, als sei es zur Gewohnheit geworden. Sie verhielt den Harn, ging nicht aufs Klo, immer wieder tröpfelte es. Ich führte einen Einnässkalender: Wann passierte es? Keine Regel ließ sich ableiten. Oft schien das Einnässen selbst ein Grund zum Einnässen zu sein.

Mit der Zeit kam ich darauf, dass sie mehr Sicherheit, Lob, Zuwendung und Zärtlichkeit brauchte. Vor allem das Gefühl, verstanden zu werden und nicht allein zu sein. Vor allem brauchte sie gleichaltrige Freunde, die ich zu uns einlud. Auch jetzt noch. Magdalena geht nicht gern allein auf Besuch, alle sollen

zu ihr kommen. Vor allem darf ich sie nicht dazu drängen, auch nicht bitten – sie entscheidet selbst. Heute kann sie das und ist dann stolz auf sich.
Von Monat zu Monat, von morgens bis abends, wurde es allmählich besser. Im April des letzten Kindergarten-Jahres war der Spuk zu Ende. Es war eine schwere Zeit, die nicht wiederkommen darf, die uns aber auch zeigte: *„Wir gehören zusammen – und gemeinsam sind wir stark“*.

Paula

Paula wurde nicht so trocken, wie alle es von ihr erwarteten. Natürlich war jedes altersmäßig vergleichbare Kind aus der Verwandtschaft schon trocken. Zu allem Überfluss auch sämtliche Bekanntenkinder. Paula nicht. Manchmal trocken am Tag, selten trocken in der Nacht. Dann kamen die Ratschläge – von überall und nicht erbeten:
„Du musst sie strenger anpacken.“
„Mit der Sauberkeits-Erziehung legst du einen Standard für später.“
„Wecke sie nachts.“
„Lass' sie doch nicht so haltlos trinken.“
„Die Blase ist zu klein.“
„Die Blase ist so groß, dass sie nicht zuhält.“
„Paula schläft zu tief.“
„Paula hat einen Dickkopf.“
„Du musst ihr Grenzen zeigen.“ (Welche? Keine Windel mehr geben?
Im nassen Bett schlafen lassen?)
„Hat wahrscheinlich eine Wahrnehmungsstörung.“
„Urinuntersuchung, Ultraschall, Uroflow.“

Alles war ohne Befund, keine Auffälligkeit. Aber niemand hat sich gefreut. Was ist es dann? Ich habe mit Profis gesprochen. Und dann habe ich begriffen, was Sache war:
„Vor dem Rausgehen zur Toilette, sonst gibt es kein Rausgehen.“
„Schlafen lassen, nicht wecken.“

„Trinken lassen, nicht bremsen."
„Einnässen sehen, nicht kommentieren."
„Bei Beseitigung der Schäden helfen."
„Kein Lob für trocken – aber für vieles anderes.
„Keine Strafe für nass – und kein Lamentieren."
„Viele Gespräche, gutes Zuhören."
„Schöne Abende, schöne Wochenenden."
„Auflistung: Was kannst du alles?"
„Auflistung: Was möchtest du besser können?"
Daran gearbeitet, Zutrauen gefunden. Nebenbei trocken geworden. Endgültig.

Nils

1994 – Nils kommt zur Welt.
1998 – Frühling: Wir denken, dass unser Nils nach den Sommerferien den Kindergarten besuchen kann. Weil er aber noch nicht trocken ist, warten wir erstmal ab.
Sommer: Wenn Nils im Garten spielt, lassen wir die Windel ab, und quasi von einem zum anderen Tag ist unser Kind tagsüber trocken; ein paar Mal geht zwar etwas daneben, was aber eher an einem klemmenden Hosenknopf liegt. Also kommt er nach den Sommerferien in den Kindergarten.
1999 – Bei einer Vorsorge-Untersuchung fragen wir den Kinderarzt um Rat, weil Nils nachts noch nicht trocken ist – aber all die anderen Kindergartenkinder. Wir bekommen die Antwort, unserem Kind noch Zeit zu lassen.
2000 – Sommer: Nils bekommt von seinem Kinderarzt einen Trink-/Toilettenplan; zusätzlich erhält er Tabletten (fünf Trinkzeiten, sieben Toilettengänge, 800 ml, 23.30 Uhr wecken). Ich führe Buch: Er ist trocken / nass / trocken / trocken / nass / nass.
Herbst: Nils bekommt von der Kinderärztin der Gemeinschaftspraxis einen neuen Trink-/Toilettenplan: vier Trinkmengen über den Tag verteilt, neun Toilettengänge, 1.000 ml. Um alles genau durchführen zu können, kriegt er eine Armbanduhr, die stündlich klingelt und ihn erinnert.

2001 – Februar: Nils bekommt einen Kalender, in den er selbst eintragen darf, wann es geklappt hat, und wann nicht.
März: Er möchte keine Windel mehr.
19.-28. April: Er ist das erste Mal am Stück trocken.
Juni: Durch Hausarzt Einweisung in die Universitätsklinik. Abklärung Enuresis. Tagesklinik, Untersuchung, Urinmessung, Gespräch, Klingelhose, Nasenspray (1 x ausprobiert).
November/Dezember: Er ist durch die Klingelhose morgens trocken, wird aber nachts bis zu fünfmal von uns geweckt, weil er das Klingeln überhört.
2002 – Januar: Durch Kinderarzt erneut Einweisung in die Uni-Klinik: Untersuchung, Urinmessung, Gespräch.
Februar: Sechs Wochen Klingelhose, danach abwechselnd trocken/nass, unverändert.
Februar: Wir ziehen eine Ärztin, die sich auf Kinesiologie spezialisiert hat, zu Rate.
Mai: Nils ist trocken
Wir haben Buch geführt, ihn nachts mehrmals geweckt, Versprechungen gemacht, geschimpft, das nasse Bettzeug gewechselt – und schließlich einen Ratgeber gelesen: *„Wie Kinder sauber werden können"*. Ein Beratungsgespräch folgte. Erst danach konnten wir lockerer mit der Geschichte umgehen.
Schade nur, dass wir so spät auf diese Hilfe gestoßen sind. Wir hätten unserem Kind und auch uns eine Menge ersparen können – und vielleicht auch müssen.
Ich wünsche allen Eltern, die auch ein solches „Problem" haben, es nicht unnötig zu vergrößern. Organische Ursachen müssen ausgeschlossen werden, aber ansonsten sollten Eltern ihr Kind in Ruhe zu lassen. Es klappt erst dann, wenn der richtige Zeitpunkt gekommen ist.

Lasse

Während ich diesen Bericht schreibe, spielt Lasse allein im Garten und bohrt nach Öl und Wühlmäusen. Dass er allein spielt, wäre bis vor kurzem undenkbar gewesen. Je ruhiger und gelassener ich werde, desto natürlicher wirkt Lasse in seiner Entwicklung. Mir war schon sehr früh klar, dass *sein* Wohlbefinden mit *meinem* zusammenhängt. Aber ich musste meinen eigenen „Code“ erst noch entdecken und ihn freilegen. Vielleicht können meine Zeilen Eltern Mut machen, an ihr Kind zu glauben und Widersinniges aus ihrer eigenen Erziehung zu löschen.

Als um uns herum schon alle Gleichaltrigen ohne Windeln liefen und fröhlich das Töpfchen aufsuchten, waren bei Lasse keinerlei Anzeichen diesbezüglich in Sicht. Der Druck, der von außen auf ihn zurollte, war abzusehen und nur noch eine Frage der Zeit.

Lasse war drei Jahre alt, als er seine ersten schicken Knabenslips trug. Während er sie uns stolz zeigte, pieselte er in die Hose. Mein Mann brüllte ihn an, er solle gefälligst aufpassen und Bescheid sagen, wenn er müsse. Von dem Zeitpunkt an war es bei Lasse mit der Windellosigkeit vorbei. Er hatte schlichtweg Angst, nicht rechtzeitig Bescheid zu sagen, und wollte die Sicherheit der Windeln nicht aufgeben.

Ein Jahr später las ich im Urlaub dieses Buch. Endlich schrieb jemand darüber, dass alles auch ganz anders gehen kann. Ich kannte damals noch nicht den richtigen Zeitpunkt fürs Entwindeln. Ich wartete noch ab und machte Lasse ein paar schmackhafte Angebote. So baute ich ihm aus einem großen Pappkarton ein Toilettenhäuschen mit Fenstern und Tür und stellte es samt Töpfchen in unsere Wohnküche. Lasse war damals vier Jahre alt. Inzwischen hatte ich richtig Spaß daran, ganz andere Wege mit meinem Kind zu beschreiten. Das Häuschen wurde tagsüber regelmäßig aufgesucht, die Windel aber wieder angezogen. Im nächsten Schritt haben wir dann die Windel durch ein Gästetuch und schließlich durch ein dünnes Taschentuch oder eine Slipeinlage ersetzt. Lasse trägt das auch heute noch. Es gibt ihm Wärme, wie er sagt.

Mit der Zeit ging Lasse dann auf die Toilette. Jetzt ist er Schulkind. Er trägt seine Einlage, und das große Geschäft verkneift er sich für zu Hause. Anfangs zogen ihm die Klassenkameraden immer den Slip runter, wenn sie sich für den Turnunterricht umziehen mussten. Lasse war aber nicht bereit, deshalb auf seine Sicherheits-Einlage zu verzichten.

Ich fand das bewundernswert. Der kleine Kerl hatte schon viele Hiebe in seine kleine Seele bekommen. Aber er ließ sich dennoch nicht beirren.

Ein Ereignis möchte ich nicht unerwähnt lassen: In unserer Nachbarschaft wohnt eine alte Philippina. Sie ist Hebamme gewesen. Eines Tages, während ich Klein-Lasse stillte, besuchte sie uns. Sie schaute uns beiden zu und sagte dann aus tiefster Überzeugung: *„Jedes Kind hat seine eigene Zeit. Haben Sie Vertrauen.“* Ich war nämlich schon verschiedentlich angehalten worden, Lasse endlich abzustillen. Wie wichtig war die Aussage der alten Dame für mich! Denn ich bin zu der Überzeugung gelangt, dass es nicht nur für die Stillzeit, sondern auch für alles andere einen ganz individuellen Zeitpunkt gibt. Ich hatte die Möglichkeit, das zusammen mit meinem Kind herauszufinden. Dafür bin ich dankbar.

Florian

Florian ist ein sehr aufgewecktes Kind, aber unstet. Er kann schlecht bei einer Sache bleiben, die ihn nicht so interessiert. Künstlerisch ist er sehr begabt, malt ausdauernd tolle Bilder und spielt ausgezeichnet Schlagzeug und Keyboard. Er konnte sehr früh sprechen und ist auch motorisch sehr gut entwickelt. Florian ist jetzt sieben Jahre alt.
Im Sommer 1995 – Florian war knapp über 2½ Jahre alt – habe ich ihn im Garten immer nackt laufen lassen. Er hat da zum ersten Mal gesehen, dass etwas aus seinem Penis kommt. Er fand es recht lustig und hat es mir immer stolz gezeigt. Ich habe ihm erklärt, dass das „Pipi“ ist, und dass er auf den Topf gehen soll, wenn er spürt, dass es kommt. Er hat etwa eine Woche gebraucht, bis er regelmäßig Bescheid gegeben hat. Ich habe ihm zu Hause tagsüber keine Windeln mehr angezogen Mit dem Stuhlgang ging es noch schneller: Einmal machte er auf den Teppich, danach ging er anstandslos auf den Topf.
Mit dem Pipi war es wechselhaft. Florian war überwiegend trocken. Aber er hatte immer wieder Phasen, in denen er eine oder zwei Wochen lang bis zu fünf Hosen am Tag brauchte. Im Winter war das sehr lästig. Ich weiß leider nicht mehr, was dieses Einnässen ausgelöst hat. Vielleicht das Sitzen auf dem kalten Boden im Herbst und meine Schwangerschaft mit Jens, die ihn völlig aus der Bahn geworfen hat. Florian war damals knapp fünf Jahre alt.

Ein Beratungsgespräch half mir, das Problem schnell und erfolgreich zu lösen. Ich habe aufgehört, ihn anzuschreien, zu schimpfen und ihn zu beschuldigen. Wenn er nass war, bin ich mit ihm ins Bad und habe ihm ohne große Kommentare geholfen. Außerdem habe ich ihn ermutigt und ihm gesagt, dass alles halb so wild ist. Ich denke, der Knoten hat sich schnell wieder gelöst, und er hat sein Selbstvertrauen wiedergefunden. Seither hat er nie wieder tagsüber eingenässt.

In der Nacht hat er bis kurz nach der Geburt seines Bruders eine Windel getragen, die immer völlig durchnässt war. Zweimal habe ich versucht, ihn jeweils für eine oder zwei Wochen windelfrei schlafen zu lassen. Es war ein Horror: Jede Nacht mindestens einmal Bettwäsche wechseln. Spätestens früh morgens dann noch einmal. Ich war fix und fertig. Das Bett hat geradezu geschwommen. Und der Urin roch so extrem, dass mir richtig schlecht geworden ist. Ich habe es mit Wecken versucht, mit Geschichten, die Mut machen sollten und was weiß ich was noch. Keine Chance! Mit einem wenige Monate alten Baby, das in der Nacht bis zu zehnmal wach wurde, war es für mich ein aussichtsloser Kampf. Ich bin zum Arzt und habe um Rat und Hilfe gebeten. Er hat mir empfohlen, es mit einer Klingelhose zu versuchen.

Ich habe eine Matratze ins Schlafzimmer gelegt, auf der er die nächsten Wochen schlafen sollte, denn ich musste unmittelbar reagieren, wenn der Alarm losging. Die ersten ein oder zwei Wochen waren sehr schlimm für uns beide. Wenn der Piepser losging, bin ich aus dem Bett gesprungen, habe ihn aus dem tiefsten Schlaf geweckt, ihn ins Bad geschleift (er hat sich mit Fußtritten, Schlagen und Schreien heftigst gewehrt), ihn umgezogen und ihn kurzfristig in mein Bett gelegt. Nachdem ich das Bettzeug gewechselt hatte, habe ich ihn wieder auf die Matratze verfrachtet und auf den nächsten Einsatz gewartet. Am Anfang war es zum Verzweifeln. Aber dann wurde es schlagartig besser. Zunächst hat er akzeptiert, geweckt zu werden, später ist er von selbst aufgewacht, wenn der Piepser losging. Und schließlich wurde er wach, bevor der Alarm losging und konnte mich rechtzeitig wecken. Die Klingelhose hat er drei bis vier Monate lang getragen.

Ich habe Florian einen großen Kalender an die Wand gehängt. Und er durfte Aufkleber für trockene Nächte einkleben. Die Aufkleber wurden immer mehr, die nassen Nächte wurden immer weniger, auch ohne Klingelhose. Nach einigen weiteren Monaten war das Thema Einnässen für immer erledigt. Heute frage ich mich, warum ich oft so ungeduldig und verzweifelt war. Ich hatte wohl einfach Angst, dass er es nicht schaffen könnte.

Stichwort-Verzeichnis

Weitere Bücher von Gabriele Haug-Schnabel

Haug-Schnabel G. (1994)
Enuresis. Diagnose, Beratung und Behandlung bei kindlichem Einnässen.
Ernst Reinhardt, München.

Seelmann K., Haug-Schnabel G. (1996)
Woher kommen die kleinen Jungen und Mädchen?
Ernst Reinhardt, München.

Haug-Schnabel G. (1999)
Aggressionen im Kindergarten. Praxisbuch Kita.
(3. Aufl. 2002) Herder, Freiburg.

Haug-Schnabel, G., Schmid-Steinbrunner, B. (2000)
Suchtprävention im Kindergarten. So helfen Sie Kindern stark zu werden.
Praxisbuch Kita. Herder, Freiburg.

Haug-Schnabel, G., Schmid-Steinbrunner, B. (2002)
Wie man Kinder von Anfang an stark macht. So können Sie Ihr Kind erfolgreich schützen – vor der Flucht in Angst, Gewalt und Sucht.
Oberstebrink, Ratingen.

OBERSTEBRINK
ELTERN-BIBLIOTHEK

Die richtigen Eltern-Ratgeber für die wichtigen Jahre

ISBN 3-934333-09-5

ISBN 3-934333-11-7

ISBN 3-934333-07-9

ISBN 3-9804493-9-4

ISBN 3-934333-15-X

ISBN 3-934333-01-X

ISBN 3-934333-05-2

ISBN 3-934333-13-3

ISBN 3-934333-08-7

ISBN 3-934333-14-1

ISBN 3-934333-12-5

ISBN 3-9804493-2-7

ISBN 3-9804493-6-X

ISBN 3-934333-06-0

ISBN 3-934333-16-8

ISBN 3-934333-19-2

OBERSTEBRINK

baby einstein

0-3 Jahre

Babys erste Schritte in die Welt

Classic-CDs für Babys

ISBN 3-938409-00-2

ISBN 3-938409-01-0

ISBN 3-938409-02-9

ISBN 3-938409-03-7

DVD-Bilderbücher

ISBN 3-938409-04-5

ISBN 3-938409-05-3

ISBN 3-938409-06-1

Entdecker-Karten

ISBN 3-938409-09-6

ISBN 3-938409-07-X

ISBN 3-938409-08-8

Nichts ist so groß wie die Neugier der Kleinsten. Baby Einstein™-Produkte stillen Babys angeborene Neugier. Sie zeigen die Welt aus seiner Perspektive und sind speziell auf seine Bedürfnisse und Fähigkeiten abgestimmt.

The Walt Disney Company ©